财报防坑指南

20分钟看透企业真实现金流与盈利陷阱

沈彬荣 ————— 著

U0725209

人民邮电出版社

北京

图书在版编目（CIP）数据

财报防坑指南：20分钟看透企业真实现金流与盈利陷阱 / 沈彬荣著. -- 北京：人民邮电出版社，2025.

ISBN 978-7-115-68175-1

Ⅰ. F276.6

中国国家版本馆 CIP 数据核字第 20257SE082 号

内 容 提 要

上市公司财务报表信息浩如烟海，投资者、债权人该如何穿透数字迷雾，洞察企业真实的盈利能力、成长潜力以及潜在风险？

本书将化身您的财务报表分析"私教"，帮您从零开始掌握财务报表分析秘诀。首先，教您速学三大财务报表（利润表、资产负债表、现金流量表），以及关键财务指标。其次，深入讲解实战：拆解公司如何挣钱（营业收入分析）、如何花钱（成本费用分析）、挣钱的能力（毛利率分析）、家底的厚薄（资产质量分析），以及分析公司的流动性与现金流、识别公司财务报表的伪装。最后，通过对海天味业、千禾味业等真实公司进行分析，将理论完美落地。

无论您是渴望看懂财务报表的"小白"，还是希望系统提升分析技能的中级投资者，本书都是为您量身打造的实用指南。

◆ 著　　　　　沈彬荣
　　责任编辑　　刘　姿
　　责任印制　　彭志环
◆ 人民邮电出版社出版发行　　北京市丰台区成寿寺路 11 号
　　邮编　100164　　电子邮件　315@ptpress.com.cn
　　网址　https://www.ptpress.com.cn
　　三河市中晟雅豪印务有限公司印刷
◆ 开本：880×1230　1/32
　　印张：8.5　　　　　　　　　2025 年 10 月第 1 版
　　字数：196 千字　　　　　　2025 年 10 月河北第 1 次印刷

定价：69.80 元

读者服务热线：**(010)81055296**　印装质量热线：**(010)81055316**
反盗版热线：**(010)81055315**

目 录

第 1 章　初识财务报表分析

第 2 章 二十分钟学会看财务报表

第 3 章　财务指标如何判断

第 4 章　了解公司是怎么挣钱的：营业收入分析

第5章　了解公司是怎么花钱的：成本费用分析

第6章 了解公司的挣钱能力：毛利率分析

第 9 章　现金流分析

第 10 章　撕开财务报表的伪装

第11章　财务报表分析实例：海天味业与千禾味业

第12章　财务报表分析实例：通过财务报表分析获得 100% 的收益

第 1 章

初识财务报表分析

根据信息披露要求，上市公司每年应发布年度报告。年度报告不仅包含大量的财务数据，还包含企业运营的相关数据，涉及销售、采购、研发等多个重要领域。因此，本书主要基于年度报告（简称"年报"）的内容，以财务报表分析方法为核心，同时兼顾大量业务数据或者行业数据的分析方法，以帮助分析者掌握上市公司年度报告的分析方法，更深入了解上市公司经营现状。本章主要介绍了与财务报表分析相关的目的和方法，为后续掌握财务报表分析技能打下基础。

1.1 揭开面纱：了解真正的财务报表分析

1.1.1 为什么要花时间进行财务报表分析

财务报表分析是一种评估企业、项目或财务数据的方法，目的是理解企业财务健康状况并做出经营、投资或财务决策。这种分析通常涉及审查和解读财务报表，如资产负债表、利润表和现金流量表，以及其他相关财务和非财务信息。财务报表分析的核心是通过量化数据和比率分析来评估企业的盈利能力、流动性、偿债能力和运营效率，从而对企业当前状况和未来潜在发展进行深入理解。

为什么选择分析企业时优先使用财务数据而不是其他数据（如业务数据）呢？首先，企业的财务数据是根据一套通用标准制定的，能保证不同企业之间的财务数据具有可比性。其次，财务数据反映了企业的经营结果和内部经营管理能力，以及所面临的外部市场环境。**因此，通过分析企业财务数据，能更好地理解企业的经营模式、行业定位和外部环境变化。**

然而，单独对财务数据进行分析可能无法提供全面的洞察。因此，需要将财务报表分析与上市公司年报中的业务数据结合起来，这样的综合分析可以帮助投资者、分析师和决策者更全面地了解上市公司，并做出更明智的决策。

1.1.2　财务报表分析是怎么发挥价值的

对于上市公司财务报表分析通常有两种对立的观点：一种观点认为通过财务报表分析可以深入了解公司以便做出投资决策；另一种观点认为财务报表分析结果准确性较低，发挥的作用比较有限，持有此观点的分析者可能对财务报表分析的基本逻辑理解存在错误。

正确的财务报表分析逻辑应该采用"五步走"的方式进行，而有一些财务报表分析者却采用了错误的分析思路，如图 1-1 中错误标记所示。采用了错误的分析思路的分析者在进行财务报表分析时会直接将过去几年的财务信息与未来的财务信息建立逻辑关系。例如，一家公司过去三年平均销售收入增长率为 10%，分析者可能就简单地认为次年公司的销售收入增长率也可以达到 10%。

这种简单的分析逻辑显然是错误的，财务报表分析者不能仅依赖财务报表进行简单预测，而是应深入分析过去的经营结果和核心驱动因素，结合外部市场分析判断公司未来的核心驱动因素可能发生的变化，并据此推测未来的财务数据。

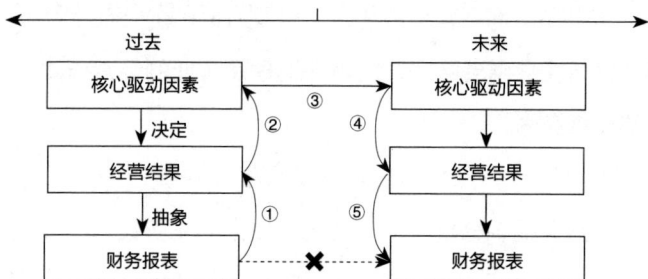

图 1-1　财务报表分析的基本逻辑

正确的财务报表分析逻辑应该采用"五步走"的分析方式。

第一步：财务报表还原。

由于财务报表是依据通用的会计准则将公司的经营结果抽象成财务语言的，所以在进行财务报表分析时应该首先将财务报表还原成经营结果，将财务语言翻译成通俗易懂的语言。例如，财务报表显示公司 2022 年销售收入为 1 000 元，2021 年销售收入为 800 元，将其翻译成经营结果应表述为"公司 2022 年销售收入增长 200 元，进一步分析发现主要是销量增加 100 个"。

第二步：识别核心驱动因素。

通过经营结果识别核心驱动因素。公司的每一个经营结果是一项或者多项驱动因素作用的结果。沿用第一步中的示例，销量增加 100 个的驱动因素可能是市场规模快速扩大，可能是短期市场供需失衡，抑或是产品降价。驱动因素有很多并且作用力也不同，分析者需要结合其他分析结论识别出核心驱动因素。

第三步：判断核心驱动因素的变化情况。

第一步和第二步主要是对公司过去的经营情况进行分析总结以识

别核心驱动因素。财务报表分析的一个重要作用是预测公司未来的财务表现，因此第三步需要建立过去和未来之间的联系桥梁。如果该核心驱动因素在未来不会发生较大改变，则可以沿用此前的分析逻辑对未来的财务报表进行预测。如果核心驱动因素在未来会发生改变，则需要更加审慎地采用此前的分析逻辑。沿用以上示例，分析核心驱动因素了解到，2022 年销量增长的原因是某一事件导致的临时性需求增长，则在对 2023 年财务数据进行预测时显然无法使用 2022 年的分析逻辑，可能需要使用更早期公司正常发展情况下的分析逻辑。

第四步：提出假设并验证假设。

确认未来核心驱动因素之后，需要进一步对经营结果进行假设。例如 2022 年销量增长 200 个，核心驱动因素为市场快速发展，预测该发展状态将持续五年。那么对经营结果的假设就是 2023 年预计销量增加 200 个，2024 年预计销量增加 200 个，等等。

第五步：财务报表预测。

经营结果预测完成后需根据会计准则相关要求进一步将其编辑成财务报表，最终实现对未来财务报表的预测。

从以上财务报表分析基本逻辑可以了解到，完成一家公司的财务报表预测，仅针对财务报表进行分析作用较为有限。**在财务报表分析的基础上需要结合行业或者市场分析以实现更准确的财务报表预测。**

当然，本书将不仅提供财务报表分析的方法，也会结合业务数据的分析以帮助分析者获得更深入的洞察，形成有价值的分析结论。一方面分析者通过个体公司的财务和业务数据分析去了解市场，另一方面若能通过外部行业或者市场分析形成分析结论，从而验证个体公司的分析结论，则最终的分析结论将给分析者的决策提供更可靠的依据。

1.1.3　为什么有的时候财务报表分析失灵了

虽然财务报表分析能够准确地反映企业经营状况，但是财务报表分析的效果与分析者掌握公司数据的程度呈正相关，即分析者掌握公司信息越多，越能更深入地进行财务分析，更好地判断公司的经营状况。

除掌握公司数据的量不足之外，财务报表分析在以下六种情况下仍然可能出现失效的结果。

第一，信息披露质量不高，导致财务报表分析的效果受限。

上市公司年度报告中披露的信息质量越高，投资者对公司的了解就越深入；反之，投资者对公司的了解越浅。信息披露的质量越高，外部投资者所掌握的信息越接近公司内部管理人员的信息掌握水平，从而更易做出正确判断。但目前信息披露质量不一，有些公司详尽披露，而有些公司则披露得较为简略。例如，对于前五大客户的信息披露，其销售额的变动是分析公司销售收入趋势的重要工具。但不同公司对这些客户销售额的披露完整性各异。最佳的披露方式是详细列出前五大客户的名称和销售额。有些公司以客户信息保密为由，对前五大客户名称进行了保密处理，仅以"客户一""客户二""客户三"为名称列出。尽管无法看到具体客户名称，但根据多年数据仍可推测一些信息。最差的披露方式是未提供单个客户的明细，仅披露前五大客户的总销售额。这种信息披露方式对财务报表分析价值不大。

第二，公司发生重大并购或主营业务调整会使财务报表分析失去意义。

财务报表分析的基本逻辑是通过对过去核心驱动因素的提炼分析公司未来的财务表现。但是，一旦公司经历重大并购或主营业务调整，过去和未来的核心驱动因素将明显不同，甚至所处行业和业务也可能发生根本性改变。此时继续进行财务报表分析意义不大，因为基于过去数据得出的结论对未来的财务报表分析不适用。

第三，外部突发事件可能导致财务报表分析失去意义。

有时，尽管财务报表分析结果良好且公司所在行业的商业模式稳健，外部环境的突变也可能使财务报表分析无效。例如，教育培训行业，当相关监管机构突然颁布某项政策法规时，一些上市公司可能迅速陷入经营危机，甚至破产。在这种情况下，针对该行业公司的财务报表分析结果就失去了参考价值。

第四，主营投资业务的公司或规模较大、业务板块众多的公司难以进行财务报表分析。

对于诸如中石油或中石化这类公司，外部投资者仅依靠公司财务报表中的数据进行分析几乎毫无意义。这类集团公司下设多个子集团，子集团下还有三级集团等，对这些公司进行财务报表分析类似于对一个行业或宏观经济进行分析，因此这一类公司不适合进行财务报表分析。

第五，某些行业的周期性特点使得财务报表分析仅能展示公司的经营结果，难以预测公司未来的经营情况。

周期性行业主要受行业供需和外部宏观环境的影响，例如猪肉行业。猪肉价格会随市场需求波动，某一家上市公司无法决定整个猪肉市场的价格波动。在某些年度，由于猪肉价格上涨，公司利润可能大幅增长；相反，在另外一些年度，猪肉价格下跌将导致公司遭受巨额亏损。此类公司的核心驱动因素完全受外部市场影响，财务报表分析可参考的价值不大。

第六，以项目制作为业务模式核心的公司不适合进行财务报表分析。

建筑行业和房地产行业是比较典型的不适合进行财务报表分析的项目制行业。该类行业不适合进行财务报表分析主要有两个原因：第一，项目制公司依据工作量来确定工作完成的百分比，据此确认收入，财务核算过程中的主观因素占比较大，无法保证不同公司之间的可比性；第二，项目制公司单个项目收入的偶然性较强，当年项目实现的销售收入随着项目的完工在次年不具备延续性。由于项目制公司不符合财务报表分析的底层逻辑，因此无法对此类公司进行财务报表分析。

1.2　掌握方法：让财务报表分析更高效

在学习具体的财务报表分析技能之前，首先需要掌握财务报表分析的基本方法。这些方法将在后续的分析过程中广泛应用，以便得出相应的结论。常见的财务报表分析方法包括指标分析法、层次分析法、趋势分析法和对比分析法。

1.2.1　方法一：指标分析法

指标分析法是财务报表分析中最常用的方法之一。仅仅分析收入、利润或费用数据不足以得出有效结果。然而，将两个数据进行简单处理，形成一个指标后，通过解读指标的变化可以更深入地洞察企业经营的细微变化。

在学习财务报表分析之前，有的分析者可能已经熟悉了一些财务指标，如资产负债率、净资产收益率或市盈率等。这些都属于财务报表分析指标。在某些财务教科书中，通常会提供一些指标的参考值，例如流动比率超过 2、速动比率超过 1 的企业被认为流动性风险较低。然而，这些参考值仅供分析时参考。不同的企业因其商业模式、所处发展阶段等因素的差异，即使是同一指标也可能表现出较大的差异。因此，在分析时，不应机械地套用教科书中的指标描述。

此外，每个指标仅是将两个数值以分子和分母的形式进行数学表示，并不能直接得出相应的分析结论。例如，一家公司的资产负债率达到 80%，不能仅凭此判断公司的流动性风险高。正确计算指标只是分析的第一步，更重要的是将这些指标应用于具体的分析过程中，以发挥它们更大的价值。指标分析法又衍生出三种主要的分析方法：层次分析法、趋势分析法和对比分析法。

1.2.2　方法二：层次分析法

层次分析法是在财务报表分析中常用的一种方法，广泛应用于股票投资领域，例如应用在杜邦分析中。该方法的核心在于将一个财务指标分解为二级甚至三级指标，通过深入分析这些下级指标，来解释上级指标波动的原因。以净资产收益率（Return on Equity，ROE）为例，这是衡量公司投资价值的重要指标。要了解影响 ROE 变动的因素，需将 ROE 拆解为销售净利率、权益乘数和总资产周转率等二级指标，甚至可以进一步将销售净利率等二级指标拆分成三级指标。通过分析这些指标的变动，分析者可以更准确地理解和预测 ROE 的趋势，以识别核心驱动因素。

1.2.3 方法三：趋势分析法

趋势分析法的核心在于将过去的数据作为参照，分析公司在不同时间点的财务表现，从而识别影响财务指标的关键因素。一般，趋势分析法涉及两个统计学的专业概念，即同比和环比。同比主要指的是某一时间段的数值和上一年度同一时间段的数值相比，如 2021 年第四季度销售收入与 2020 年第四季度销售收入之比。环比是指相邻时间数值的对比，即某一时间段的数值和上一时间段的数值相比，如 2021 年第四季度销售收入与 2021 年第三季度销售收入之比。

1.2.4 方法四：对比分析法

对比分析法与趋势分析法类似，趋势分析法是将公司历年的指标进行对比，对比分析法则是寻找外部公司的指标进行对比，以评估目标公司指标的合理性。例如，如果一家公司的毛利率为 50%，同行业的竞争对手毛利率达到 60%，则可以推断该公司的盈利能力较弱，产品竞争力相对不足，或技术含量相对不高。然而，对比分析法的应用受到一定限制，主要包括数据的可比性和外部对标公司的适用性。在实际分析过程中，必须考虑以下限制因素，以确保分析的准确性和有效性。

第一，指标不具备可比性。

在生活中，一些指标可以在不同的个体之间进行比较，例如身高，可以显然得出身高 180 厘米的人要比身高 170 厘米的人高的结论。但并非所有财务指标都适合进行外部比较。例如，资产负债率的可比性就较低。假设有两家业务模式相似的公司，一家偏好通过外部融资快速获得资金，另一家则依靠股东投资。依赖外部融资的公司的资产负债率自然较高，但这并不意味着资产负债率较低的公司更优秀。在财务报表分析领域，类似身高、体重具备直接可比性的指标基本不存在。

第二，找不到合适的可比公司。

为了确保两家公司具有可比性，两家公司之间的主要产品、经营模式、发展阶段等因素应当相似。在上市公司中找到完全匹配的公司是相当困难的。当今上市公司普遍经营多元化业务，尽管可能在某些产品上与其他公司相似，但在其他产品或经营模式上却可能完全不同。这种多元化经营导致寻找可比公司难度较高，大部分情况下仅能寻找相似公司进行比较。此种条件下的指标比较说服力较弱，不能够给予分析者非常有效的结论。

因此，基于以上两个原因，在实际的分析过程中，能够有效应用对比分析法的场景相对有限。在进行对比分析时，分析者必须仔细考虑指标的可比性和选定的可比公司的适用性，以确保分析结果的准确性和可靠性。

1.3 财务报表分析的底层逻辑和分析框架

财务报表分析包括对资产负债表、利润表和现金流量表中项目的综合判断。缺少对财务报表分析底层逻辑的认识将导致分析者无所适从，最终迷失在财务报表的海洋中。本节将重点介绍本书所采用的财务报表分析底层逻辑，此逻辑是作者通过多年的财务工作和分析经验总结而形成的，可以帮助分析者完成对公司数据的抽丝剥茧，以尽快了解公司并且判断公司未来的经营情况。

1.3.1　底层逻辑：三张报表分析的重要性排序

每位分析者在进行财务报表分析时可能都会形成独有的底层逻辑，有的分析者认为财务报表分析中现金流的分析最重要，有的分析者则会将资产负债表的分析作为财务报表分析的第一步。因此在进行财务报表分析时，分析者首先要厘清的第一个底层逻辑，即哪张财务报表对分析者更为重要——资产负债表、利润表还是现金流量表？

重要性排序不同将直接影响三大报表的分析顺序和分析重要性。有一些分析者可能认为资产负债表最重要，因为它能揭示公司的总体财务状况；另一些分析者可能认为利润表更为关键，因为它体现了公司的盈利能力；还有一些分析者会强调现金流量表的重要性，指出许多公司正是因为现金流问题而面临破产。各种观点都有其合理之处，不同的分析目标决定了财务报表的不同重要程度。由于本书主要适用于二级市场投资者基于上市公司公开的年报信息进行分析，因此从二级市场投资者的角度出发，本书采用的财务报表分析底层逻辑是依据利润表、资产负债表和现金流量表的顺序进行分析。

对于二级市场投资者，上市公司的成长性和盈利能力是首要关注的重点领域，而这通常通过利润表中的相关指标来评估。完成利润表分析后，可能出现两种情况，如图 1-2 所示。

公司成长性较差和盈利能力较弱：如果分析结果显示公司的成长

性较差和盈利能力较弱，其可能就不适合作为投资目标。在这种情况下，进一步分析资产负债表和现金流量表就显得没有必要。

公司具有良好的成长性和较强的盈利能力：若分析发现公司未来的成长性较好且盈利能力较强，则需要接着对资产负债表进行全面分析。资产负债表分析的主要目的是识别潜在的流动性风险和其他潜在的财务问题，这些信息可能隐藏在资产负债表中。掌握扎实的会计理论知识的分析者在完成利润表和资产负债表分析后，通常能对公司的现金流状况有一个清晰的认识，可能不再需要单独进行现金流量表的深入分析。然而，对于某些特定行业或公司，现金流量表的分析仍然是有必要的。

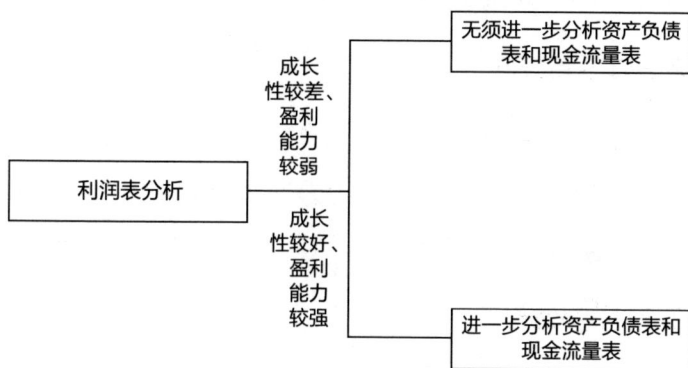

图1-2　财务报表分析的底层逻辑

1.3.2　分析框架：财务报表分析的七大模块

本书将参照上述重要性顺序确定财务报表分析框架，财务报表分析的七大模块如图1-3所示。

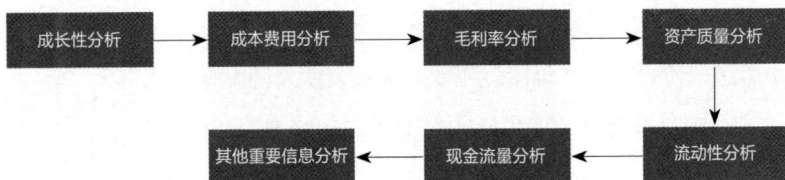

图1-3 财务报表分析的七大模块

1. 成长性分析

成长性分析是以收入增长率指标为对象开展分析，根据过去公司收入增长速度识别核心驱动因素并对公司未来的成长性进行预测。成长性分析是上市公司财务报表分析的重点领域，当成长性不符合预期时，该上市公司将无法成为优秀的投资标的。

2. 成本费用分析

成本费用分析是以生产成本明细、销售费用率、管理费用率、研发费用率和财务费用率为对象开展分析，判断公司的业务模式和生产特点。在此基础上结合成长性分析可以初步完成公司利润表的分析工作。

3. 毛利率分析

在成长性分析和成本费用分析的基础上，通过毛利率分析进一步验证此前的分析结论。

4. 资产质量分析

资产质量分析是以资产负债表各项重要资产为核心开展分析，判断企业资产质量，识别潜在的经营风险。有一些上市公司利润表相关指标非常优秀，每年收入高速增长并且利润率较高。但经过资产质量分析发现公司应收账款快速增长并且长期未收回，收入的增长很可能以牺牲资产质量为条件，公司成长可能并不好，从而否定利润表分析结论。

5. 流动性分析

流动性分析主要分为两部分，包括流动性风险分析和运营效率分析。流动性风险分析以流动比率、速动比率、资产负债率为核心开展分析。运营效率分析以应收账款周转率、存货周转率和应付账款周转率为核心开展分析。之所以将两者合并，是因为运营效率分析完成后，若公司运营效率非常高，资产周转速度非常快，则公司短期流动性风险指标（流动比率和速动比率）比较好，两者可以互相验证。

6. 现金流量分析

现金流量分析是以现金流量表整体为核心开展分析，识别公司的现金流状况。无论是何种分析目标，现金流量表一般是被最后分析的财务报表。有经验的财务报表分析者根据利润表和资产负债表的分析结论能够直接形成对现金流量的分析结论。现金流量表无外乎是为分析者提供一种直观的、更简洁易懂的分析视角。

7. 其他重要信息分析

其他重要信息主要包括其他影响公司经营情况的财务指标或者科目，包括非经常性损益、净资产收益率等关键指标。

第 2 章

二十分钟学会看财务报表

不同目的的财务报表分析对分析者的会计知识有不同要求。作为投资者至少需要了解财务报表的基本科目、核算内容以及一些关键财务指标的概念。

本章主要介绍进行财务报表分析前需要掌握的会计基础知识，其中包括利润表、资产负债表、现金流量表以及财务报表附注的讲解，帮助分析者实现零基础快速入门。

2.1　五分钟学会看利润表

在三大财务报表中，利润表扮演着至关重要的角色。公司的根本目的是实现盈利，投资者关注的重点是公司的成长性和盈利结构，而利润表正是用来评估公司盈利能力的关键报表。利润表中包含一些贴近生活、易于理解的项目，同时也涉及一些较为复杂和专业的会计术语。为了帮助初学者更快地理解利润表的内容，本书将其分为四个主要部分进行详细讲解。

笔者认为利润表可以划分为四个部分，分别是产品部分、公司运营部分、会计核算部分和其他部分，如表 2-1 所示。

表 2-1　利润表的四个部分

单位：元

利润表项目	金额	所属部分
营业总收入	34 941.29	产品部分
营业收入	34 941.29	
营业总成本	38 742.56	
营业成本	26 303.67	
税金及附加	531.08	
销售费用	2 487.65	公司运营部分
管理费用	3 969.09	
研发费用	4 447.54	
财务费用	1 003.53	
其中：利息费用	1 595.48	
利息收入	683.94	
其他收益	963.86	会计核算部分
投资收益	−1 195.96	
其中：对联营企业和合营企业的投资收益	2 258.27	
公允价值变动收益	192.27	
资产减值损失	−13 306.22	
信用减值损失	−223.92	
资产处置收益	0.28	
营业利润	−17 370.96	其他部分
营业外收入	2.71	
营业外支出	51.62	
利润总额	−17 419.87	
所得税费用	−772.87	
净利润	−16 647.00	

2.1.1　两分钟学会看收入与成本

产品部分的核心包括两个主要项目："营业收入"和"营业成本"。

营业收入指企业通过销售商品或提供劳务获得的经济利益，而营业成本是指为销售这些商品或提供劳务而产生的、与收入直接相关的成本。这两个项目虽然字面上容易理解，但在实际会计操作中涉及复杂的会计政策，特别是在收入确认方面。

收入确认政策是理解财务报表的关键。根据会计理论规定，一项交易是否能构成收入需要满足以下五个条件：①合同各方已批准该合同并承诺将履行各自义务；②该合同明确了合同各方与所转让商品或提供劳务相关的权利和义务；③该合同有明确的与所转让商品或提供劳务相关的支付条款；④该合同具有商业实质，即履行该合同将改变企业未来现金流量的风险、时间分布或金额；⑤企业因向客户转让商品或提供劳务而有权取得的对价很可能收回。非专业人士可能难以完全理解这些标准，但了解企业的收入确认政策是分析财务报表的首要步骤，其原因是不同行业的政策差异显著。

房地产行业尽管在预售阶段已收款，但收入仅在房屋交付后确认；建筑施工行业则根据工程的完工百分比来逐年确认收入；零售行业的收入确认通常发生在向代理商销售商品并确认收货后。这些行业特定的会计处理方式对分析者理解其财务报表至关重要。每家企业具体的收入确认政策可以在审计报告附注中查询获得。

相较于相对明确的收入确认规则，成本的确认规则相对模糊。主营业务成本是企业在销售商品和提供劳务等经营活动中产生的成本，它与主营业务收入的确认应当相匹配。每确认一笔收入，都应相应地结转相应成本。

在分析"主营业务成本"项目时，重点关注两个核心问题。

1. 主营业务成本与生产成本的区别

一般公司主营业务成本的金额和生产成本的金额不一致，有的分析者可能会质疑财务报表的准确性，但金额不一致的原因是主营业务成本和生产成本是两个不同的概念。

例如公司1月生产A产品100件，每件生产成本100元。假设不存在期初库存，1月也未实现对外销售，则公司1月资产负债表"存货"项目中A产品的单价是100元。公司2月继续生产A产品1000件，由于生产规模扩大，固定成本进一步得到摊销，2月每件A产品的生产成本是80元，则2月末A产品的单价是（100×100+1000×80）÷（100+1000）=81.82（元）。若A公司在2月实现对外销售，则应结转的A产品单位成本为81.82元，与2月每件生产成本80元存在差异，也不同于1月的生产成本。

生产制造企业的生产成本通常包括直接材料、直接人工和制造费用。由于不是所有生产完成的产品都会立即出库销售，这些成本被记入"存货"项目。不同批次的产品因生产成本不同，故而在新一批存货入库时一般采用加权平均法计算每一单位存货的成本。销售时，按照加权平均后的存货成本进行成本结转，这就是主营业务成本与当期生产成本出现差异的原因。所以有的公司为了降低单个产品的生产成本，会在不考虑市场需求的前提下大规模生产。虽然从财务报表角度，这样做会使单位生产成本降低，但是由于生产量远远超出市场需求，最终会导致存货积压，公司面临极大的流动性风险。

2. 核算口径差异对财务报表分析的影响

不同公司在核算主营业务成本时可能采取不同的方法和标准，这种差异可能导致两家公司的财务数据出现显著差异，尤其是在毛利率等关键财务指标上。分析者在评价公司时，如果未能识别这些差异，可能会得出误导性的结论。金针菇生产企业雪榕生物和众兴菌业主要的业务是金针菇的种植和销售，两家公司的生产模式和销售模式高度一致，一般情况下两家公司的财务数据应具备横向可比性。但经过深入分析发现，雪榕生物的"主营业务成本"科目记录包装材料约 1.73 亿元（如表 2-2 所示），但是众兴菌业的"主营业务成本"科目并未记录包装材料成本，而将该部分成本记入"销售费用"科目。

表 2-2　金针菇生产企业主营业务成本核算口径差异

单位：元

雪榕生物 2020 年主营业务成本		众兴菌业 2020 年主营业务成本	
项目	金额	项目	金额
原材料	571 255 867.75	直接材料	423 363 887.37
包装材料	173 822 612.10	直接人工	229 804 965.82
人力成本	329 823 919.88	燃料动力	173 890 879.37
动力能源	250 133 301.64	折旧费	210 803 760.74
制造费用	368 640 589.60	机物料消耗	35 382 461.97
菌种	25 785 420.10	低值易耗品摊销	617 764.72

一项成本核算口径的差异直接导致两家公司虽然生产模式和销售模式高度一致，但是双方的金针菇毛利率相差 6 个百分点。如果仅从毛利率指标进行分析，在其他条件都相同的前提下，毛利率高的公司

的金针菇产品更具备竞争力。但毛利率 6 个百分点的差异实质上仅仅是会计核算口径不一致导致的，可能使分析者形成错误的分析结论。

在收入和成本分析对应章节将详细介绍成本口径差异可能对财务报表分析造成的影响。

2.1.2　两分钟学会看四项费用和税金及附加

公司运营部分主要指的是在公司经营过程中所支出的各项费用，包括税金及附加、销售费用、管理费用、研发费用和财务费用。

1. 税金及附加

税金及附加主要涉及销售过程中缴纳的各项城市维护建设税及教育费附加、消费税等。若税金及附加金额占销售收入的比例较小且完全依据国家税法规定计算缴纳，则一般在分析时不必过多关注。

2. 销售费用

销售费用记录了公司在产品销售过程中产生的各项支出，如销售人员的薪酬、市场推广费、业务招待费等。销售费用与公司的商业模式密切相关。笔者观察到，当公司的客户主要是企业时（B2B 模式），销售费用通常占营业收入的比例较小，大约在 2% 以内。相比之下，当公司的客户主要是个人时（B2C 模式），销售费用占比通常较大，可能占营业收入的 10% 以上，甚至超过 20%。有些公司可能也存在指标的偏离，例如 B2B 模式下公司的销售费用占营业收入的比例高达 10%，B2C 模式下公司的销售费用仅占营业收入的 3%。分析者需要结合公司的经营特点和所处的行业特点判断财务指标的合理性。

3. 管理费用

管理费用主要涉及公司日常运营管理过程中的各种支出，包括公司总部的租金、办公费用、通信费用以及财务和人力资源等职能部门人员的工资。管理费用一般占营业收入的比重约为5%。

4. 研发费用

研发费用主要涉及新产品开发或新技术研究过程中的支出，包括研发人员的薪酬和研发材料消耗等。在分析研发费用时，需要注意会计理论中的"资本化"和"费用化"概念。以100元研发支出为例，如果该支出被计入利润表，则直接减少当月利润。但是，如果这笔支出满足资本化的条件，它不会立即影响当月利润，而是计入资产负债表，作为无形资产在未来进行摊销。资本化的会计处理不仅是调节利润的工具，也可能成为财务舞弊的重灾区。因此，分析者在审查公司的财务报表时，需要特别关注研发费用的资本化和费用化处理情况。

5. 财务费用

财务费用主要记录公司融资的利息支出或者存款的利息收入，包括利息支出、利息收入以及汇兑损益。对于以出口或者进口为主要业务或者海外业务占比较大的公司，由于大量使用外币结算，汇率波动会产生收益或者损失，同样会记入"财务费用"科目。一般公司财务费用占比较大主要可能是当期受汇率影响较大或者公司对外借款金额较高。

对于上述各项费用，零基础分析者仅从概念上非常容易理解，一笔支出发生之后按照这笔支出的用途记入相应的科目即可。但是费用和成本之间的概念划分缺乏严格的界定标准，如金针菇生产企业案例中，一家公司将包装材料计入成本，一家公司将包装材料计入销售费用，导致两家公司的毛利率差异。经常分析上市公司财务指标的分析者可能会发现：大部分公司2020年毛利率均有不同程度的下跌，其中一个重要的原因是与销售订单直接相关的运费由计入销售费用调整至计入主营业务成本，这项调整是由于国家颁布的会计准则发生了变化。

一般成本和费用的概念是不同的，成本是指公司为了生产产品或提供服务而发生的支出，与公司直接提供的产品和服务相关性较高。费用则是指公司在日常经营活动中发生的支出，一般与公司提供的产品和服务不具备相关性。

除了成本和费用可能产生混淆之外，主营业务收入和销售费用也容易存在混淆。有的上市公司将给予客户的返利列支在"销售费用"科目中，有的则将返利在确认销售收入时进行扣除，两种不同的处理方式也会影响公司的毛利率。由表2-3可知，2019—2022年，海天味业酱油毛利率自2020年起逐年下跌，排除原材料涨价因素外，2020年由于运费计入主营业务成本导致主营业务成本增加，毛利率下跌。另外，2019年计入销售费用的促销费从2020年开始冲减收入导致主营业务收入降低，进一步导致毛利率下跌。

表 2-3　海天味业毛利率、成本及销售费用明细

金额单位：元

项目	2019 年	2020 年	2021 年	2022 年
毛利率	50.38%	47.38%	42.91%	40.29%
直接材料	5 107 855 430.83	5 682 128 124.99	6 835 032 960.73	6 957 461 581.76
制造费用	542 911 372.88	595 389 382.60	673 489 241.29	724 103 985.82
直接人工	119 861 377.25	139 697 734.29	151 988 969.64	175 744 351.25
运费	—	446 509 290.51	439 276 145.03	419 814 396.46
广告费	465 342 267.10	485 834 511.09	453 128 405.84	397 431 760.69
促销费	394 341 415.19	—	—	—

因此，分析者在后续进行分析时要重点关注收入和成本的核算口径。仅仅是会计核算口径的一些小变化，就可能会对财务报表分析结论产生大的影响。

2.1.3　一分钟学会看其他项目

产品和公司运营部分的项目相对容易理解，但是会计核算部分的项目，如"资产减值损失"和"公允价值变动收益"，从字面释义的角度显得较为晦涩难懂，不利于理解。

财务报表的目标是真实而准确地反映企业的经营状况。在某些情况下，尽管从普通人的视角分析一项行为不构成损失或收益，但从会计的谨慎性原则出发，潜在的损失或收益需要在利润表中体现，以更准确地反映企业的盈利情况。会计核算部分的项目正是为了实现这一目的而设立的。

虽然这些项目可能难以理解，但对那些希望深入分析上市公司的分

析者来说，掌握这些内容是非常重要的。特别是在评估上市公司时，非经常性损益是一个关键指标，其中许多项目属于会计核算部分。因此，深入理解会计核算部分复杂的会计项目，分析者能够更准确地评估上市公司的财务状况和盈利能力。

1. 减值类项目

在理解减值类项目时，有一个基本原则：当某项资产的实际价值低于其在财务账面上记录的价值时，就需要进行减值处理，包括"资产减值损失"和"信用减值损失"两个主要项目。

（1）资产减值损失

资产减值损失是会计核算中的一项重要内容，涉及企业因外部或内部因素影响而对资产进行的减值测试。例如，假设一家企业拥有的某项存货在财务账面上的价值是 100 元，但年底的减值测试显示其实际价值降至 80 元。为了确保财务报表的准确性，企业需要在当期利润表中反映这 20 元的减值并调整当期利润。

（2）信用减值损失

信用减值损失的处理原理与资产减值损失类似，但这个项目针对应收账款。信用减值损失反映了应收账款可能无法收回的预期损失。例如，如果企业估计 100 元应收账款由于客户的财务困难而可能无法收回，企业需要在当期利润表中反映这 100 元的减值并调整当期利润。

2. 收益类项目

收益类项目包括"其他收益""投资收益""公允价值变动收益""资产处置收益"。

（1）其他收益

"其他收益"项目相对容易理解，主要包括与企业日常经营相关但非核心业务的收益，如政府补助等。这些收益不直接来源于企业的主营业务，但对企业的财务状况有影响。

（2）投资收益

投资收益是指企业从对外投资中获得的收益，也可能存在亏损。比如对外股权投资或其他金融资产所产生的收益。这种收益通常在投资被处置或价值变化时实现。

（3）公允价值变动收益

公允价值变动收益是一个反映企业持有资产或负债公允价值变化的财务报表项目。例如，如果企业购买的股票价格上升，由每股10元上升至每股20元。即使股票未被出售，10元的未实现利润也需要在公允价值变动收益中体现。同样，如果出现价格下降，亏损也需记录在此项目中。

（4）资产处置收益

资产处置收益是企业在出售或处置其资产时获得的收益，假设某一项资产账面价值为100元，出售价格为80元，则资产处置收益为亏损20元。

其他部分主要包括营业外收入、营业外支出等，由于一般企业这部分的金额较小而且对财务报表分析的价值不是很大，在分析时无须过多关注。

2.2　五分钟学会看资产负债表

2.2.1　一分钟学会会计真理：资产 = 负债 + 所有者权益

资产负债表的会计恒等式：资产 = 负债 + 所有者权益。可以通过一个生活中的简单案例来阐释。（本案例纯属虚构，仅为从财务角度阐述该恒等式的内涵，不代表笔者的观点）

某天相亲市场来了几位小伙，不同的小伙外在条件不同。

第一位小伙经过多年的努力积累了 1 000 万元的存款，并用这笔钱全款购买了一套房产。从会计恒等式的角度来看，他拥有的资产价值为 1 000 万元，完全由自己的资金组成，因此所有者权益为 1 000 万元，没有负债。这样的财务状况在相亲市场可能会颇受欢迎。

第二位小伙也不错，他通过多年的努力积攒了 500 万元的存款，并通过向银行贷款 500 万元来购买价值 1 000 万元的房产。根据会计恒等式，他拥有的资产总额为 1 000 万元，其中 500 万元来自所有者权益，另外 500 万元则来源于负债。在相亲市场中，他同样可能是一个受欢迎的对象。

第三位小伙同样购买了价值 1 000 万元的房产，但其中自有资金仅有 200 万元。因此，他的会计恒等式显示，1 000 万元的资产，由 200 万元自有资金和 800 万元负债构成。这位小伙资产负债率比较高，如果失业造成断供将对家庭产生较大影响。

第四位小伙由于刚毕业尚未购置任何房产，其资产为 0，相对应的所有者权益和负债也为 0。他在相亲市场上可能被选择的概率相对较小。

将股票市场比作相亲市场，选择投资标的就像是选择相亲对象，这样的比喻可以帮助投资者理解资产负债表的重要性。在这个比喻中，分析资产负债表的过程类似于了解一个相亲对象的家庭背景，放在股票市场中就是了解一个公司的家底。

资产负债表显示了公司的家底，包括它拥有的资产以及这些资产的来源——是公司股东的自有投入，还是通过借贷获得的。资产负债表提供了公司的财务快照，显示了特定时间点上的资产、负债和所有者权益。但重要的是，公司的财务状况是动态变化的，随着时间的推移，资产、负债和所有者权益会发生变化。正如在相亲市场上，一个拥有 1 000 万元自有房产的人可能由于不良习惯而耗尽财产，而一个起初资产为 0 的人也可能通过个人努力累积财富。

因此，通过会计恒等式，投资者可以了解公司在特定时间点的财务状况和资产来源。但要全面评估一家公司的长期潜力和稳定性，就需要动态地分析其资产负债表的各项目，观察各项目随时间发生的变化。这种动态视角对投资者来说尤为重要，因为它可以揭示公司未来的增长潜力和盈利能力。

案例 2-1　相亲市场的利润表视角

如果将分析资产负债表视作分析相亲对象当下的经济实力，那利润表则可以视作分析相亲对象的盈利能力。

A 小伙：每年收入 100 万元，无大额支出，每年支出 10 万元。

B 小伙：每年收入 100 万元，但是需要花钱包装自己，维护社会关系，每年支出 80 万元。

C 小伙：每年收入 100 万元，为了继续提升自己，每年花费学习支出 60 万元，其他支出 10 万元。

D 小伙：每年收入 10 万元，每年支出 10 万元。

不同的相亲对象每年的收入不同，支出也不同，可能影响他人对该相亲对象的判断。例如，将各小伙视作公司，B 小伙的销售费用比例较高，虽然 C 小伙每年也有 60 万元的学习支出，但是相比之下，C 小伙将大量资金投入了研发活动，C 小伙未来的发展可能比 B 小伙更好，未来的收入也可能更高。同理，结合毛利率、销售费用率、管理费用率和研发费用率分析上市公司，也能初步形成对上市公司的第一印象。

2.2.2　两分钟学会看资产类项目

一般资产负债表的左侧会列出公司所有的资产类项目（如表 2-4 所示），根据这些项目的变现能力将其分为流动资产和非流动资产。流动资产是指那些在一年内可以转换成现金的资产，而非流动资产则指的是那些一年内无法转换成现金的长期资产。在资产负债表中，流动资产通常按照它们的变现速度来排序，最容易变现的资产排在最前面。

本小节主要是对不同的资产类项目进行介绍，以帮助分析者理解各个资产类项目的含义和核算内容。在学习财务报表时，很多分析者可能会因为混淆不同的概念而难以快速掌握资产类项目的定义。为了简化理解，可以将资产类项目简单地视为不同形式的现金存储。

表2-4 资产负债表项目明细

单位：元

项目	项目明细	金额
资产	资产总计	119 879.10
流动资产	流动资产合计	79 624.50
	货币资金	48 527.71
	交易性金融资产	—
	应收账款	11 252.60
	应收款项融资	4 783.30
	预付款项	1 907.30
	其他应收款	322.21
	存货	7 239.66
	其他流动资产	5 591.72
非流动资产	非流动资产合计	40 254.60
	长期股权投资	—
	投资性房地产	—
	固定资产	27 329.24
	在建工程	8 565.11
	使用权资产	—
	无形资产	3 780.56
	商誉	—
	长期待摊费用	—
	递延所得税资产	211.81
	其他非流动资产	367.88
负债	负债合计	18 942.09
流动负债	流动负债合计	18 926.87
	短期借款	4 204.68
	交易性金融负债	—
	应付票据	6 139.32

项目	项目明细	金额
流动负债	应付账款	6 313.89
	预收款项	88.80
	合同负债	—
	应付职工薪酬	1 285.58
	应交税费	388.26
	其他应付款	506.34
	一年内到期的非流动负债	—
	其他流动负债	—
非流动负债	非流动负债合计	15.22
	长期借款	—
	租赁负债	—
	长期应付款	—
	递延收益	15.22
	递延所得税负债	—
所有者权益	所有者权益合计	100 937.01
	实收资本（或股本）	12 115.00
	其他综合收益	—
	专项储备	—
	资本公积	67 980.93
	盈余公积	1 916.33
	未分配利润	17 831.20
	归属于母公司所有者权益合计	99 843.46
	少数股东权益	1 093.55

1. 流动资产项目

（1）货币资金

货币资金指公司在银行账户中存放的资金，它具有最高的流动性，可以被迅速转换成现金。

（2）短期投资

短期投资包括公司被暂时投资在诸如定期存款、理财产品等形式上的资金。短期投资的流动性仅次于货币资金，通常在到期后可以迅速转换成现金。根据不同的会计准则要求，这类资产可能被称为交易性金融资产等。

（3）应收账款

应收账款指的是公司已经完成销售但还未收到货款的资金。这些款项的所有权属于公司，但出于商业合作的需要，公司允许客户延迟付款，暂时将该资金借给客户使用。

（4）其他应收款

其他应收款可以理解为公司暂时借给其他公司的资金，或者支付的各类保证金和押金。

（5）预付款项

预付款项指在商业交易中公司提前支付的一部分资金，用于购买原材料或设备，但尚未收到这些物品。尽管资金已经支付给供应商，但由于供应商并未按照合同的约定履约，从所有权角度看这部分资金仍然属于公司。这个项目类似于应收账款，区别在于预付款项是将资金借给供应商，应收账款是将资金借给客户。

（6）存货

存货指的是公司的原材料或成品库存，在这些存货被销售之前，其属于公司的资产。

2. 非流动资产项目

（1）长期股权投资

长期股权投资可以理解为将公司的资金投资于其他公司。虽然同样是"将资金存放于其他公司"，对于以债权身份进行的投资应该计入其他应收款，对于以股东身份进行的投资则应计入长期股权投资。

（2）固定资产

固定资产可以理解为将资金转化成了生产设备或者厂房等长期有形资产。

（3）在建工程

在建工程可以理解为将资金转化成了生产设备或者厂房等，但是区别于固定资产，计入在建工程的生产设备或厂房仍然处于建设阶段，未正式投入使用。

（4）无形资产

无形资产主要是指知识产权、土地使用权等不具备实物形态的资产。

2.2.3　两分钟学会看负债类及所有者权益类项目

负债类项目分类与资产类项目相对应，一年以内需要偿还的负债属于流动负债，一年以上需要偿还的负债属于非流动负债。需要注意的是，与流动资产按照流动性进行排列不同，流动负债并未根据流动性进行区分，负债类项目主要根据负债的对象进行区分。

1. 流动负债项目

（1）短期借款

短期借款说明公司借用了银行等金融机构的钱。一般一年以内的借款需记入本项目，一年以上的借款则需计入长期借款。

（2）应付账款

应付账款说明公司借用了供应商的钱。出于良好的合作关系，一般在商业合作关系中供应商都会给予公司一定时间的账期。当供应商完成供货后，公司理应及时将采购货款支付给供应商，公司实际未支付但占用的供应商的一部分资金构成了负债。

（3）预收款项

预收款项说明公司借用了客户的钱。预收款项容易与预付款项混淆，分析者可能分不清其属于资产类项目还是负债类项目。通过一则生活中的案例说明预收款项和预付款项的区别。近年来众多商家为了提前收回现金，纷纷推出了预充值套餐，例如教育培训行业、健身行业等。随之而来的就是"跑路"事件层出不穷，消费者损失惨重。从公司的角度分析，消费者提前支付的预充值费用并未实际消费，后续实际消费时对应的钱款才属于公司资产。预充值费用相当于公司向客户借了一笔钱用于日常运营或者对外投资，因此预收款项在某些特定行业是非常重要的负债类项目。

（4）应付职工薪酬

应付职工薪酬说明公司借用了员工的钱。公司一般每月发放工资，占用员工工资的时间较短，所以该项目余额较小。

（5）其他应付款

其他应付款说明公司借用了其他公司或者个人的钱。例如，骑车押金，此类押金的性质与预收款项不同，预收款项随着公司履约能转变为公司的资产。但是用户支付的骑车押金未来并不会转为公司的资产，只能算是公司暂时向用户借款，因此公司需要将该笔借款计入其他应付款。

2. 非流动负债项目

非流动负债项目相较于流动负债项目的重要性较低，许多公司融资结构简单并未承担较多非流动负债。在财务报表分析过程中，非流动负债分析的重要性也较低，因此分析者无须深入了解该项目。

3. 所有者权益类项目

所有者权益类项目主要包括"实收资本""资本公积""未分配利润"等。实收资本主要记录的是公司股东按照工商注册资本和持股比例投入的投资款。当投资款超过公司股东应缴的投资款时，将超出部分的金额计入资本公积。未分配利润主要核算自公司成立累计的未分配利润。若一家公司自成立之后未分红，则未分配利润等于公司自成立之日起的净利润之和。

2.3　五分钟学会看现金流量表

现金流量表是财务报表的三大表之一，所显示的是在一段固定期间（通常是每月或每季）内，公司的现金（包含银行存款）的增减变动情形。现金流量表可以简单地理解为日常生活中编制的流水账，只不过对于发生的每一笔现金收支，会计准则均规定了一个项目进行核算，将这些项目的发生额求和后便形成了现金流量表。

2.3.1 一分钟学会看现金流量表的来龙去脉

在解释现金流量表编制的原因之前，首先介绍一组会计理论上非常重要的概念：收付实现制和权责发生制。在一些小规模的商业实体中，其采用的记账方式是以现金流水作为记账依据，一段时期内的现金收入减去现金支出即为利润。此类记账方式称为收付实现制。但随着规模的扩大，这种简便的以现金为核心的记账方式已无法满足企业内外的实际需求。商业合作中给予客户一定的账期是常见现象。企业完成销售后，通常需三个月后才能收回货款。这种情况下，若依据收付实现制，则无法真实准确反映企业的经营状况。

因此，在会计核算上需使用权责发生制作为收入、费用确认的原则。权责发生制是以权力和责任的发生来确定收入和费用的归属期的制度。本期收入和费用指在本期内已履行的责任所得的收入和已形成的权力所负担的费用，无论款项是否已收到或支出，均作为本期的收入和费用处理；反之，责任未履行或权力未形成的，即使款项在本期收到或支出，也不应作为本期的收入和费用。因此，现行的利润表是按照权责发生制原则编制的。对企业而言，现金流仍极为重要。多数企业经营失败不是因为亏损，而是因为现金流断裂。为了更好地记录现金流情况，企业需要编制现金流量表。分析者也可通过现金流量表更快了解企业的现金状况。另外，现金流量表也可用来验证利润表的真实性。

案例 2-2 权责发生制和收付实现制的判断

以健身房经营为例，请判断以下同一项经济行为在权责发生制和收付实现制下分别应该确认多少金额。

卖出一张十年卡，收款 10 万元，请问当年应确认多少收入？

答案：收付实现制，10 万元；权责发生制，1 万元。

支付未来两年的房租，付款 10 万元，请问当年应确认多少成本？

答案：收付实现制，10 万元；权责发生制，5 万元。

2.3.2 两分钟学会看现金流量表和资产负债表、利润表的关系

现金流量表作为三大财务报表之一，与资产负债表和利润表有着密切的关联，如图 2-1 和图 2-2 所示。资产负债表的首个项目是"货币资金"，它列示了期初和期末的数值。这两个数值相减就得到了一段时期内的货币资金变动额。现金流量表详细展示了货币资金变动额的构成。因此，可以通俗地认为现金流量表为资产负债表中"货币资金"项目变动额的详细补充。

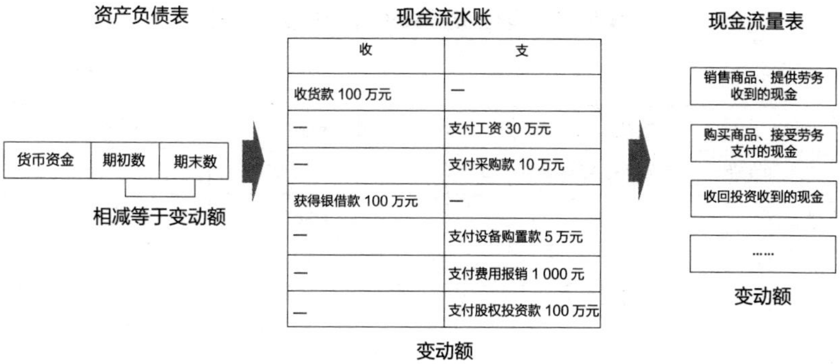

图2-1 资产负债表、现金流水账和现金流量表的关系

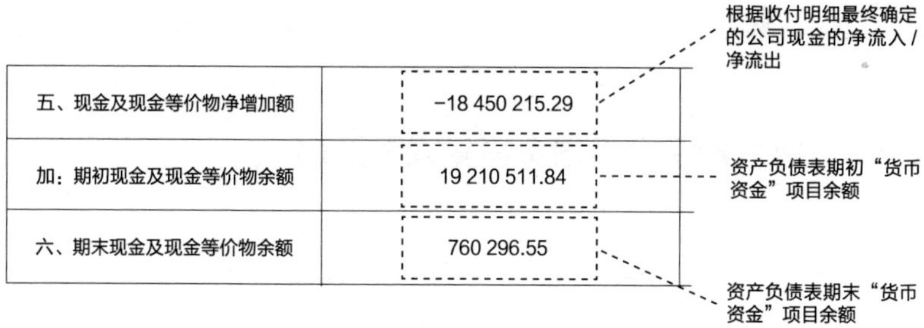

图2-2 资产负债表和现金流量表的关系

现金流量表与利润表之间的关系较为复杂。现金流量表的编制方式主要有两种：直接法和间接法。直接法是指将每一笔现金交易都直接记入现金流量表的相应项目，最终汇总成完整的现金流量表。而间接法则是基于净利润，并结合资产负债表中各项目的变动情况来编制现金流量表。对外部的投资分析者来说，无须深入掌握现金流量表的间接法编制细节。但如果感兴趣，可以在审计报告中找到用间接法编制现金流量表的示例，如表2-5所示。

表 2-5　用间接法编制现金流量表的示例

单位: 元

补充资料	本期金额	上期金额
将净利润调节为经营活动现金净量:	—	—
净利润	−2 017 598 198.22	288 045 015.21
加: 资产减值准备	1 953 282 791.27	113 860 498.70
固定资产折旧、油气资产折耗、生产性生物资产折旧	198 735 205.16	180 639 229.21
无形资产摊销	17 075 365.95	18 342 312.48
长期待摊费用摊销	2 231 305.09	3 113 188.61
处置固定资产、无形资产和其他长期资产的损失	−705 017.58	143 884 986.14

2.3.3　两分钟学会看现金流量表的结构

要理解现金流量表的结构, 首先需要明白公司的三个重要循环: 筹资、投资和经营。会计恒等式"资产 = 负债 + 所有者权益"实际上反映了这三个循环。资产属于投资领域, 将资金投入最重要和回报率最高的资产中, 可以使资金发挥最大价值。负债和所有者权益对应筹资活动, 解决公司发展的资金来源问题, 关键在于能否借入低成本资金。经营活动现金流是维持公司日常运转所需的资金, 这根据公司所处行业的不同而有所区别。

现金流量表的结构正是按照经营、筹资和投资这三大类来划分的, 分别包括经营活动产生的现金流量、投资活动产生的现金流量和筹资活动产生的现金流量。现金流量表相较于资产负债表和利润表更易于理解, 因为大多数项目的名称直接表明了其核算内容。

1. 经营活动产生的现金流量

通过现金流量表，分析者可以直观地了解公司的现金收入和支出情况。表 2-6 显示了经营活动产生的现金流量。"支付其他与经营活动有关的现金"项目主要涵盖了支付的销售费用、管理费用、财务费用等在利润表中的支出项目。通过经营活动现金流入小计减去现金流出小计，得出经营活动产生的现金流量净额。这一数值是评估公司运营效率和财务健康状况的重要指标。

表 2-6　经营活动产生的现金流量

单位：元

项目	金额
经营活动现金流入小计	204 248.21
销售商品、提供劳务收到的现金	202 924.42
收到的税费返还	460.33
收到其他与经营活动有关的现金	863.46
经营活动现金流出小计	188 188.30
购买商品、接受劳务支付的现金	171 643.83
支付给职工以及为职工支付的现金	6 235.94
支付的各项税费	6 078.94
支付其他与经营活动有关的现金	4 229.59
经营活动产生的现金流量净额	16 059.91

2. 投资活动产生的现金流量

表 2-7 所示为投资活动现金流量项目。对公司而言，投资活动可分为短期投资和长期投资。短期投资，如购买银行理财产品，往往周期较短，公司可能会进行多次投资和回收，导致现金流量表中显示的

金额较大。然而，这些较大的金额对分析公司的现金流量并没有实质意义，因为它们通常不反映公司的核心运营活动。相比之下，长期投资对分析公司的投资行为和战略方向更加重要。长期投资包括对固定资产、无形资产和其他长期资产的投资，以及取得子公司和其他营业单位时支付的现金净额。这些信息有助于判断公司的发展方向和长期策略。

表2-7　投资活动产生的现金流量

单位：元

项目	金额
投资活动现金流入小计	113 783.03
收回投资收到的现金	113 108.92
取得投资收益收到的现金	464.85
处置固定资产、无形资产和其他长期资产收回的现金净额	209.26
收到其他与投资活动有关的现金	—
投资活动现金流出小计	118 159.06
购建固定资产、无形资产和其他长期资产支付的现金	1 583.48
投资支付的现金	115 950.00
取得子公司及其他营业单位支付的现金净额	432.26
支付其他与投资活动有关的现金	193.32
投资活动产生的现金流量净额	−4 376.03

　　投资活动的其他项目通常不会有发生额或者发生额较小，在分析相关报表时只需适当关注。分析者应将重点放在那些能够反映公司长期发展和战略决策的大额项目上。

3. 筹资活动产生的现金流量

表 2-8 所示为筹资活动现金流量项目。

表 2-8　筹资活动产生的现金流量

单位：元

项目	金额
筹资活动现金流入小计	34 813.83
取得借款收到的现金	34 813.83
收到其他与筹资活动有关的现金	—
筹资活动现金流出小计	46 710.91
偿还债务支付的现金	40 100.00
分配股利、利润或偿付利息支付的现金	6 610.91
支付其他与筹资活动有关的现金	—
筹资活动产生的现金流量净额	−11 897.08

企业的筹资渠道主要分为两类：股权筹资和债权筹资。股权筹资源自外部股东的资金投入，而债权筹资主要来自银行、信托等金融机构的贷款。

（1）股权筹资

股东对公司的投资可以通过分配股利或分红来获得回报。股利或分红是公司根据盈利情况向股东支付的一部分利润，反映了公司的盈利能力和分配政策。

（2）债权筹资

公司需要在一定的期限内（短期通常为一年，长期可能为三年或更长）向债权人偿还本金和利息。这种筹资方式会在公司的现金流量表上体现为借款和偿还债务的现金流入和流出。

从这两个角度理解筹资活动现金流量相对直观。对于近年新上市的公司，它们在首次公开募股（Initial Public Offering，IPO）时可能筹集了大量资金，因此在未来几年内可能不会涉及增发股份或从金融机构获得额外资金。这种情况下，筹资活动产生的现金流量可能相对较少。

2.4 五分钟学会看财务报表附注

虽然资产负债表、利润表和现金流量表是财务报表中最为人所熟知的三张表格，但还存在第四张报表，即所有者权益变动表。这张报表对分析企业或了解企业提供的信息相对有限，通常没有过多关注。相比之下，财务报表附注对投资者来说可能更加重要。财务报表附注是财务报表的重要组成部分，隐藏着许多至关重要的数据。

财务报表附注通常包括以下两个主要部分。

会计政策和会计估计：这部分主要解释财务报表上的每个数字是如何根据特定标准记录的。这部分包含大量专业术语和复杂的文字描述，对未受过专业教育的普通投资者来说可能难以理解，但投资者只需要关注其中几个重要的不同点即可。

项目明细：这部分提供了财务报表中每个项目的详细信息，对理解公司的财务状况尤为重要。

尽管财务报表附注可能看起来比较难懂，特别是对那些没有会计背景的分析者，但它提供了一些超出财务数字本身的关键信息，有助于深入理解公司的运营状况。因此，投资者在阅读财务报表时，应适当关注财务报表附注信息。

1. 固定资产相关附注

在分析固定资产时，重点应放在固定资产的折旧方法上。不同的折旧方法可能会对利润产生不同影响。在关注折旧方法时，应注意以下两点：一是比较同一公司不同年份的折旧政策，二是与同行业的折旧方法比较，以判断公司折旧方法的合理性。

折旧政策分析主要关注三个参数：折旧方法、折旧年限和预计残值率。以年限平均法为例，这是一种比较简单的折旧计算方法，其年折旧额的计算公式为：

年折旧额 = ［固定资产原值 × （1 - 预计残值率）］/ 折旧年限

通过这个公式可以看出：其他量不变的情况下，折旧年限越短，年折旧额越大；其他量不变的情况下，预计残值率越低，年折旧额越大。一些上市公司可能会通过调整折旧年限和预计残值率来合理调整公司利润。

因此，在进行财务报表分析时，关注固定资产折旧政策（如表2-9所示）可以获得关于公司财务操作和利润质量的重要线索。尤其是在比较不同年份或不同公司时，折旧政策的差异可能会显著影响公司的财务表现。

表2-9　固定资产折旧政策示例

类别	折旧方法	折旧年限（年）	预计残值率（%）	年折旧率（%）
房屋及建筑物	年限平均法	20	0.00 ~ 5.00	4.75 ~ 5.00
机器设备	年限平均法	3 ~ 10	0.00 ~ 5.00	9.50 ~ 33.00
电子设备	年限平均法	3 ~ 10	0.00 ~ 5.00	9.50 ~ 33.00

2. 收入相关附注

由图2-3可知，了解收入会计政策对财务报表分析非常重要，因为它不仅揭示了公司的商业模式，还直接反映了公司收入确认的时点和方式。

```
报酬。
    ⑤客户已接受该商品或服务。
    ⑥其他表明客户已取得商品控制权的迹象。
    本公司已向客户转让商品或服务而有权收取对价的权利（且该权利取决于时间流逝之外的其他因素）作为
合同资产，合同资产以预期信用损失为基础计提减值。本公司拥有的、无条件（仅取决于时间流逝）向客户收
取对价的权利作为应收款项列示。本公司已收或应收客户对价而应向客户转让商品或服务的义务作为合同负债。
    同一合同下的合同资产和合同负债以净额列示，净额为借方余额的，根据其流动性在"合同资产"或"其
他非流动资产"项目中列示；净额为贷方余额的，根据其流动性在"合同负债"或"其他非流动负债"项目中
列示。
    (2) 具体方法
    在货物发运给客户或提供服务，经客户验收并取得其他收货凭据时，确认为收入。
```

图2-3　销售收入确认的具体示例

收入会计政策披露通常分为两部分。

一般原则：这部分主要根据会计准则的规定描述。对分析者来说，这部分信息通常是标准化的，不需要过多关注。

销售收入确认的具体方法：这是分析者应重点关注的部分。例如，某公司的年报可能披露，其收入确认方法是在货物或服务提供给客户，并经过客户验收通过之后，在财务上确认收入。这种方法比较直接简单。

不同公司的收入确认政策可能存在差异。对感兴趣的分析者来说，比较不同公司的收入确认政策是一个很好的学习和理解不同商业模式的机会。通过观察不同公司的收入确认方法，分析者可以更好地理解它们是如何在财务上反映其业务活动的。这种比较不仅有助于评估单个公司的财务健康状况，也有助于行业内部或跨行业的财务报表分析。

在财务报表分析中，除了关注前述的一些重要会计政策外，其

他会计政策部分通常不需要过多关注。更为关键的是会计项目的明细部分，这一部分在每个模块的介绍中都会涉及，因此在本章不赘述。

以宁德时代2022年年报中关于货币资金的详细披露为例（如表2-10所示），附注明细部分能提供关于公司货币资金组成的具体信息。报告显示公司期末货币资金总额为1 900多亿元，其中库存现金约为71万元，银行存款超1 500亿元。这一细节揭示了货币资金的具体构成。

表2-10 宁德时代2022年货币资金明细

单位：万元

项目	期末余额	期初余额
库存现金	71.76	47.07
银行存款	15 838 292.98	7 639 325.33
其他货币资金	3 265 976.21	1 267 816.57
合计	19 104 340.95	8 907 188.97
其中：存放在境外的款项总额	888 961.81	297 585.76

明细的重要性在于，它能揭示表面数字之下的实际情况。例如，一家公司报表上的货币资金余额可能看似充足，但通过深入分析明细表，可能会发现该公司大部分资金实际上属于受限的货币资金，不能自由使用。这种情况下，虽然报表上显示的货币资金充足，但实际上公司的现金流可能非常紧张。因此，通过明细分析，分析者可以更准确地评估公司的财务状况和流动性风险。

第3章
财务指标如何判断

财务指标的初判断，一方面可以帮助分析者快速了解公司的基本经营情况和财务特点，另一方面可以帮助分析者聚焦重点领域，提升后续各模块的详细财务报表分析效率和效果。

　　初学者可能难以完全掌握初判断的方法。因此，建议在学习后续章节关于各个财务指标的具体含义和分析方法后，再对本章的内容进行温习回顾。随着对财务报表分析方法的熟悉及经验的积累，分析者将更有效地完成财务指标初判断，并快速完成一家公司的详细财务报表分析。

3.1　了解财务指标

　　大部分财务管理专业书中会列示各项财务指标，部分指标耳熟能详，例如资产负债率、市盈率等。虽然大量的财务指标能够给予分析者不同洞察企业财务状况的视角，但是也可能导致分析者在茫茫的指标海洋中无所适从，甚至对同一家公司采用不同的指标分析得出相反的结论。

　　财务指标的分析不在于数量，而在于通过运用财务报表分析方法识别财务指标变动的核心驱动因素。因此，本书结合财务报表分析框架主要选择以下五大类共十六个财务指标作为初判断分析对象，如表3-1所示。

表 3-1 五大类十六个财务指标

项目	财务指标	2019 年	2020 年	2021 年	2022 年	2023 年
盈利能力分析	净资产收益率（归母/摊薄）	8.13%	10.50%	12.87%	8.50%	9.99%
	营业毛利率	40.14%	37.80%	37.34%	37.09%	36.42%
	营业净利率	5.83%	6.93%	7.40%	6.12%	7.29%
	销售费用率	23.37%	20.52%	20.02%	21.40%	20.22%
	管理费用率	6.50%	6.05%	4.99%	5.03%	4.49%
	财务费用率	0.89%	0.79%	0.66%	0.49%	0.47%
	研发费用率	1.22%	1.21%	1.10%	1.40%	1.26%
	扣非归母净利润率	92.48%	91.49%	95.25%	93.67%	95.09%
成长能力分析	营业收入增长率	8.93%	14.56%	23.57%	-16.97%	4.95%
偿债能力分析	流动比率	2.42	2.44	2.78	3.14	3.76
	速动比率	0.78	0.85	0.78	0.84	1.20
	资产负债率	29.42%	30.33%	26.70%	23.82%	20.70%
营运能力分析	存货周转率	1.23	1.41	1.65	1.31	1.37
	应收账款周转率（含应收票据）	9.43	9.11	10.77	11.06	13.46
	应付账款周转率（含应付票据）	8.22	9.03	11.75	12.82	16.77
现金流量分析	现金收入比率	109.56%	108.46%	111.71%	112.78%	109.98%

　　这五大类十六个指标大部分情况下不需要分析者自行计算，各类主流财经网站均提供财务指标计算功能。但是随着财务管理理论的发展，不同的机构或者分析者对财务指标的定义可能不同。本书中涉及的各项财务指标计算公式如下：

① 净资产收益率＝净利润／净资产×100%

② 营业毛利率＝（销售收入－销售成本）／销售收入×100%

③ 销售费用率＝销售费用/销售收入×100%

④ 管理费用率＝管理费用/销售收入×100%

⑤ 研发费用率＝研发费用/销售收入×100%

⑥ 财务费用率＝财务费用/销售收入×100%

⑦ 营业净利率＝净利润/销售收入×100%

⑧ 扣非归母净利润率＝扣非归母净利润/归母净利润×100%

⑨ 营业收入增长率＝（本年营业收入－上年营业收入）/上年营业收入×100%

⑩ 流动比率＝流动资产/流动负债

⑪ 速动比率＝速动资产/流动负债

⑫ 资产负债率＝负债/资产×100%

⑬ 存货周转率＝营业成本/［（存货期初金额＋存货期末金额）/2］

⑭ 应收账款周转率＝销售收入/［（应收账款期初金额＋应收账款期末金额）/2］

⑮ 应付账款周转率＝营业成本/［（应付账款期初金额＋应付账款期末金额）/2］

⑯ 现金收入比率＝销售商品、提供劳务收到的现金/营业收入×100%

3.2 掌握财务指标判断方法

财务指标初判断的核心不在于判断某一项指标绝对值的大小，而在于保证在计算口径一致的前提下运用趋势分析法识别指标的变动趋势，以粗略判断公司的经营情况。本节主要采用连续五年的财务指标作为分析对象，因为周期较短无法识别发展趋势，而周期较长指标的可比性较弱。

3.2.1　决定公司成长力的关键指标：营业收入增长率

营业收入增长率是判断公司连续五年成长性的核心指标，除了使用趋势分析法之外，还可以将该指标与毛利率变动结合起来进行初判断。

首先，分析者需要对该指标的绝对值进行初判断。

营业收入增长率根据其绝对值可以划分为以下区间：若营业收入增长率低于 0，则表明公司营业收入呈现下降趋势；当营业收入增长率大于 0 时，以 30% 作为分界点，增长率超过 30% 代表高速增长，增长率在 10% ~ 30% 则属于正常增长，增长率在 0 ~ 10% 属于低速增长。从绝对值角度评价营业收入增长率，增长率越高意味着公司当年的成长能力越强。

其次，对该指标五年的变动趋势进行初判断。

连续五年的营业收入增长率可能存在多种形态，趋势分析初判断的目标主要是识别异常值及趋势形态。营业收入增长率的八种形态将在本书第 4 章进行详细介绍，初判断时主要目的是了解公司的发展趋势，是呈快速增长趋势还是下降趋势，抑或是波动趋势。

异常值主要指的是公司在某一年的营业收入增长率与趋势不符，如五年中其他四年的增长率约为 5%，但某一年增长至 60% 或减少至 -10%。在详细分析时，分析者需关注异常值产生的原因。

海天味业营业收入增长率 2018—2020 年均处于正常增长阶段，营业收入增长率超过 10%，如表 3-2 所示。但是 2021 年和 2022 年公司的营业收入增长率均明显下降，处于低速增长阶段。基于 2022 年 2.42% 的异常值，分析者需要在后续的详细分析中重点了解影响指标变动的原因。

表 3-2　海天味业 2018—2022 年营业收入增长率

指标名称	2018 年	2019 年	2020 年	2021 年	2022 年
营业收入增长率	16.80%	16.22%	15.13%	9.71%	2.42%

华阳集团 2018—2022 年的营业收入增长率呈现出两种趋势，如表 3-3 所示。2018—2020 年，营业收入增长率逐年下降，但是下降速度呈现放缓的特征。2021 年和 2022 年营业收入由下跌转变成了高速增长。在后续进行详细的营业收入增长率分析时，分析者需要识别 2021 年和 2022 年营业收入高速增长的核心驱动因素，并根据核心驱动因素未来的变化情况对未来的营业收入增长率进行预测。

表 3-3　华阳集团 2018—2022 年营业收入增长率

指标名称	2018 年	2019 年	2020 年	2021 年	2022 年
营业收入增长率	-16.73%	-2.46%	-0.27%	33.01%	25.61%

最后，将营业收入增长率与毛利率结合起来分析。

营业收入增长率与毛利率结合分析可以初步判断营业收入增长的驱动因素，进一步分解驱动因素可以将其划分为产品销售量的驱动和销售价格的驱动。此项结合分析存在一个假设前提，即在经营过程中，大多数公司的产品的生产成本不会发生大幅变动，即使原材料价格波动，通常也不会引起毛利率的大幅变动。

营业收入增长率的主要影响因素是营业收入，而营业收入可进一步细分为价格乘以数量。毛利率的主要影响因素包括营业收入和营业成本，将价格和数量纳入考虑后，毛利率公式可表示为：毛利率 = 1 −（销售价格 × 数量）/（产品成本 × 数量）×100%。简化后，影响毛利率的因素主要是销售价格和产品成本，而产品成本已经假设通常不会有大幅变动。

在此背景下，如果公司营业收入增长率较高，而毛利率波动较小，这初步表明营业收入的增长主要通过提升销量实现。相反，如果毛利率也同步提升，这表明营业收入增长过程中销售价格也存在提升，因此推动了毛利率的提升。

仍以华阳集团数据为例，华阳集团 2021 年和 2022 年营业收入增长速度较快，但同时段的毛利率却没有发生较大提升，如表 3-4 所示。毛利率稳定说明公司产品的价格和成本相较于前几年未发生较大变化，则可以初步推断营业收入的增长主要受销量提升影响。

表 3-4　华阳集团 2018—2022 年营业收入增长率与毛利率

指标名称	2018 年	2019 年	2020 年	2021 年	2022 年
营业收入增长率	-16.73%	-2.46%	-0.27%	33.01%	25.61%
毛利率	20.47%	22.43%	23.62%	21.57%	22.10%

恒光股份 2021 年营业收入增长率为 46.57%，2022 年营业收入增长率突然下滑至 15.75%，如表 3-5 所示。相对应的毛利率指标在 2022 年也出现了大幅度波动，在假设成本变动不大的情况下，能够初步推断公司产品的销售价格在 2021 年和 2022 年发生了大幅度变化，从而

使营业收入增长率和毛利率指标产生变动。一般出现类似情况说明公司所处行业发生了短期的需求波动，从而引发了产品价格大幅度提升继而又快速回落的情况。在后续详细分析时，分析者需要进一步判断数量和价格波动对营业收入的影响。

表 3-5　恒光股份 2018—2022 年营业收入增长率与毛利率

指标名称	2018 年	2019 年	2020 年	2021 年	2022 年
营业收入增长率	43.02%	-7.89%	4.96%	46.57%	15.75%
毛利率	36.36%	35.40%	34.74%	41.37%	27.36%

3.2.2　决定公司盈利能力的关键指标一：毛利率

首先，对毛利率数值进行分析判断。

不同行业的毛利率各不相同，毛利率是反映公司盈利能力的关键指标。30% 的毛利率通常被视为上市公司的平均水平，超过 30% 通常被视作高毛利率，低于 10% 被视作低毛利率。由于分析公司的整体盈利能力除了毛利率指标外还需要结合销售费用率、研发费用率等指标综合判断，因此不能直接判断毛利率为 20% 的公司的盈利能力不及毛利率为 40% 的公司。

2022 年 A 股上市公司毛利率前十排行中，毛利率均超过了 95%，如表 3-6 所示，这意味着公司仅花 5 元成本生产的产品能以 100 元的价格出售。根据行业分布，毛利率前十的公司主要集中于生物制药行业。

表 3-6 　 2022 年 A 股上市公司毛利率前十排行

排名	代码	公司名称	毛利率
1	688062	迈威生物	99.75%
2	688197	首药控股	99.37%
3	600053	九鼎投资	98.60%
4	688083	中望软件	98.38%
5	000567	海德股份	97.47%
6	833575	康乐卫士	97.42%
7	688520	神州细胞	96.69%
8	688578	艾力斯	95.99%
9	300624	万兴科技	95.47%
10	300357	我武生物	95.39%

"一旦有适当的利润，资本就胆大起来。如果有 10% 的利润，它就保证到处被使用；有 20% 的利润，它就活跃起来；有 50% 的利润，它就铤而走险；为了 100% 的利润，它就敢践踏一切人间法律；有 300% 的利润，它就敢犯任何罪行，甚至冒绞首的危险。"

这里所称的 300% 的利润对应的毛利率为 75%，用财务语言描述，即该产品收入 400 元，成本 100 元，利润 300 元。但在表 3-6 中，一些上市公司的毛利率为 95%，已经远远超过了 300% 的利润对应的毛利率，这些公司难道是真的冒着绞首的危险从事高风险业务吗？答案显然是"不是"。根据市场的一般规律，当某个行业的利润足够高时会吸引外部投资者不断进入该行业，最终导致行业竞争加剧，行业整体毛利率下跌。另外，一家公司要维持高毛利率通常也需要在销售或者研发端投入大量资源，其实际经营利润可能处于正常范围内。

当进行指标初判断发现该公司毛利率较高时，分析者需要结合五年的趋势分析判断公司的高毛利率是否随着时间的推移发生了下跌。若在进行趋势分析后发现公司毛利率始终保持在较高水平，则需要判断公司的营业收入规模。若公司毛利率较高，但是公司营业收入规模较小，每年仅能实现千万元左右的收入，那这一类公司的经营结果可能也不具备代表性，随着营业收入规模的扩大，其毛利率会随之下跌。另外，毛利率较高、营业收入规模较大的公司的股票价格通常也会比较高，可能也不能成为一个较好的投资标的。

其次，对毛利率的波动趋势进行初判断。

在假设外部市场环境未发生显著变化的情况下，公司的毛利率通常应保持相对稳定，根据历史经验，毛利率的年度平均波动不应超过2%。因此，在初判断时，若发现某一年的毛利率相比前一年变化较大，则需特别关注使毛利率产生波动的因素，是价格还是生产成本。

由于不同行业的毛利率绝对值差异较大，对于毛利率高达70%的公司，可能5%的毛利率波动仍属于正常范围之内。但是对于一个毛利率仅为10%左右的公司，1%的毛利率波动都有可能对公司盈利能力造成巨大影响。分析者在进行初判断时也需要考虑此项因素。

毛利率的显著波动可能受销售价格变动或生产成本变动的影响。因此，在后续详细分析过程中要仔细分析销售策略的调整、市场需求的变化、原材料成本的波动，或生产效率的变化等因素。了解变化背后的具体原因对预测公司未来的财务表现至关重要。如果毛利率的下降是由于短期因素，如临时的成本增加或市场价格波动，公司可能能够通过管理措施恢复其盈利能力。但如果毛利率的下降是受长期趋势的影响，如持续的成本上升或市场竞争加剧，公司可能需要调整销售策略。

最后，在初判断时需要区分公司毛利率与产品毛利率。

对毛利率进行趋势分析时，分析者可能会发现公司毛利率前后发生了巨大变化并轻易地得出公司竞争力下降的结论。此时分析者需要判断公司毛利率波动是否是产品销售占比发生变化导致的。公司毛利率在计算过程中将所有产品的毛利进行了加总计算，当公司产品销售结构发生重大变化时，可能存在低毛利率产品销售占比提升最终导致公司整体毛利率下滑的情况。

不同的产品结构会对公司毛利率产生较大影响，如表 3-7 所示。2022 年由于低毛利率产品 A 销售额大幅度增长直接导致公司毛利率下跌约 17 个百分点。虽然公司毛利率下跌幅度较大，但是公司整体的毛利是上涨的，所以不能仅因为毛利率的下跌就直接得出公司盈利能力变弱的结论。不同毛利率产品销售占比的变化将显著影响公司毛利率的变化，分析者在进行分析时不能仅依靠公司毛利率进行判断，还需要结合细分的产品毛利率进行分析。

表 3-7　不同产品结构毛利率对比

金额单位：元

项目	2021 年	2022 年
A 产品销售收入	100	1 000
A 产品销售成本	90	900
A 产品毛利率	10%	10%
B 产品销售收入	100	100
B 产品销售成本	50	50
B 产品毛利率	50%	50%
公司整体毛利率	30%	13.64%

3.2.3 决定公司盈利能力的关键指标二：四大费用率

第一，完成销售费用率初判断。

销售费用率的绝对值具有非常强的行业特点，笔者认为，产品最终购买方是个人消费者（B2C 业务）的企业，销售费用率通常较高，可能超过 10%。而产品最终购买方是公司（B2B 业务）的企业的销售费用率通常较低，一般不会超过 2%。这种特点主要是因为 B2C 企业在销售人员、营销推广、品牌建设等方面的投入通常比 B2B 企业更高。

当公司的销售费用率与其业务模式不匹配时，就需要对销售费用进行重点分析。

例如，有的 B2B 企业销售费用率达到 10%。由于 B2B 企业不涉及品牌推广且客户数量有限不需要配置较多的销售人员，所以平均销售费用率低于 2%。但当 B2B 企业销售费用率较高时，第一个潜在原因是企业产品对应的潜在客户数量较多，大部分企业均能够成为企业客户。此类企业同 ToC 类企业类似，需要由大量的销售人员维护直销客户或者经销渠道关系，最终导致销售费用中的人工成本占比较大。第二个潜在原因是企业出售的产品售后维护保养费用较高，有的企业销售设备后通常有 1 ~ 2 年的免费维护保养期，在维护保养期内发生的任何备件或者维修支出均在销售费用中列示。当企业销售规模快速扩大后，销售费用中的维护保养费用也会快速增长导致销售费用率较高。但是有此类特点的企业数量较少，分析者仅需适当关注。

进行趋势分析时，由于销售费用的支出属于公司内部决策事项，大部分情况下销售费用率应该变动较小。上市公司在预算管理过程中会根据销售费用率对实际发生的销售费用进行控制，因此销售费用率趋势变化不大。当公司某一年销售费用率大幅度上涨或者下跌时，分析者需要在详细分析时关注销售费用二级科目，一般销售费用发生大幅度变动说明公司的销售现状或者销售战略发生较大变化，可能影响公司未来的经营结果。

第二，完成管理费用率初判断。

一家持续运营的公司的管理费用率平均为 6%。如果管理费用率显著高于这个标准，则可能说明该公司管理效率低下、非必要开支较多。或者可能由于公司经营业绩出现大幅度下滑，大部分管理费用属于刚性支出从而导致管理费用率上升。此外，管理费用不同于销售费用和研发费用，销售费用有助于公司销售收入增长，投入合理的销售费用，销售收入可能大幅度提升。研发费用投入会形成新产品、新技术，提升公司核心竞争力。管理费用支出与公司业务相关性较弱，每一家公司应尽可能减少管理费用支出，提升公司净利润。随着公司规模的逐步扩大，管理费用率应随之逐步降低。

海天味业、千禾味业和金龙鱼均是调味品行业中的代表性公司，其中海天味业 2022 年营业收入约为 256 亿元，千禾味业 2022 年营业收入约为 24 亿元，金龙鱼 2022 年营业收入约为 2575 亿元。从管理费用率分析发现，管理费用率明显随公司营业收入规模的扩大而降低。不同公司 2018—2022 年管理费用率如表 3-8 所示。

表 3-8　不同公司 2018—2022 年管理费用率

金额单位：万元

公司	2022 年营收收入	2018 年	2019 年	2020 年	2021 年	2022 年
海天味业	2 560 965.15	1.44%	1.46%	1.59%	1.58%	1.72%
千禾味业	243 647.17	4.90%	3.98%	3.63%	3.38%	2.99%

公司	2022 年营收入	2018 年	2019 年	2020 年	2021 年	2022 年
金龙鱼	25 748 544.40	1.40%	1.51%	1.46%	1.51%	1.28%

与销售费用率的分析相似，识别管理费用率中的异常值也非常关键。这包括在特定年份出现的显著波动或与行业平均水平相比异常高的费用率。异常值可能是一次性费用（如股权支付、上市服务费用等）增加，或是管理层决策和策略变动的结果。识别并理解产生异常值的原因对评估公司的长期财务状况和运营效率至关重要。

赛微电子 2018—2020 年管理费用率平均为 11% 左右，如表 3-9 所示，根据初步判断结论，此时指标已经偏高，而且 2022 年管理费用率更是突然增长至 24.98%，已经远远超过上市公司的平均值。此种情况下，详细分析时需要重点关注"管理费用"项目，通常管理费用率过高说明公司经营存在较大风险。

表 3-9　赛微电子 2018—2022 年管理费用率

指标名称	2018 年	2019 年	2020 年	2021 年	2022 年
管理费用率	11.37%	11.64%	11.97%	14.24%	24.98%

第三，完成财务费用率初判断。

一般，公司财务费用率应低于 0.5%，财务费用（如利息支出和汇兑损失）相对于公司总收入的比例较小。如果财务费用率在正常范围内，不需要在详细分析过程中关注这一指标。高财务费用率可能是由两种情况引起的：一是大规模的借款导致利息支出增加，二是参与外汇交易导致汇兑损失较大。这两种情况为后续的详细分析提供了指引。

如果一家公司的财务费用率在过去五年均达到 1% 甚至 2%，需结合资产负债率分析。若财务费用率较高并且资产负债率也较高，则说明公司的借款规模较大，后续分析需重点关注运营效率与流动性风险因素。相反，若公司财务费用率多年维持在 −1% 甚至 −2%，则说明公司资金实力较强，相对应地，公司资产负债率较低，流动比率较高。

如果公司财务费用呈现大幅度波动的趋势，例如今年为 1% 但是去年为 −1%，则说明公司有较大一部分业务收入属于外汇收入，汇率波动对公司财务费用的影响较大，后续分析时需针对公司未来发展战略、国际市场影响等因素进行重点分析。

第四，完成研发费用率初判断。

研发费用率参考价值有限，由于受到高新技术企业评定或者 IPO 上市指标的影响，大部分分析者对研发费用的分析仍然以比率方式为主，其直观地认为一家公司 10% 的研发费用率投入要比一家研发费用率为 2% 的公司的投入更大。但是这种观念是存在一定误区的，进行研发费用分析时更应该关注研发投入的绝对值而非比率。100 万元和 1 亿元的研发投入在效果上可能有显著差异，尽管可能 100 万元研发投入占公司销售收入的比率达到 10%，而 1 亿元研发投入仅占公司销售收入的 2%。

研发费用率趋势分析同样可能存在问题，公司的研发费用支出一般以项目维度进行管理，可能当年为了开发新产品投入较多研发费用，但是次年新产品上市之后研发费用将大幅度减少。研发费用支出的特点决定了趋势分析的效果较差。

也可以与毛利率相结合进行判断，一般研发费用率高的公司其产品毛利率也较高。但在实际分析过程中，存在部分公司研发费用率较高但毛利率较低的情况。

3.2.4 如何依靠财务指标识别公司经营模式

对毛利率和四大费用率指标进行初步分析后，可以将上述五项指标整体进行分析以便更准确地了解上市公司的盈利能力。

由表3-10可知，通过对这些关键财务指标的初步判断，分析者可以明显区分两家公司的状况。公司A展现出的财务特征——盈利能力较弱。低毛利率加之各项费用率较低，一般有类似盈利结构的公司会被打上诸如技术含量低、行业竞争激烈、走量为主的标签。相比之下，公司B展现出的财务特征——盈利能力较强。高毛利率、高研发费用率，一般有类似盈利结构的公司会被打上诸如盈利能力强、技术含量高、竞争壁垒高的标签。

表3-10　公司A和公司B核心指标对比

指标名称	公司A	公司B
毛利率	10%	60%
销售费用率	1%	1%
管理费用率	2%	2%
财务费用率	0.5%	1%
研发费用率	1%	15%
营业净利率	5.5%	41%

在资源有限的情况下，深入研究表现良好的公司B似乎是一个更合理的选择，因为它更可能带来积极的投资回报。然而，对于公司A，尽管当前的财务指标不理想，但如果其业务模式或市场定位具有潜在价值，或者公司A正处于转型期，那么对其进行进一步的分析可能也是有价值的。

公司C和公司D的差异主要在于各项费用率的差异，如表3-11所示。公司C相较于公司D，毛利率较低，但是其四项费用率控制得较好，从而拥有比公司 D 更高的营业净利率。相反，虽然公司 D 拥有较高的毛利率，但是在销售费用和研发费用方面投入较大，最终导致营业净利率略逊一筹。

表 3-11　公司 C 和公司 D 核心指标对比

指标名称	公司 C	公司 D
毛利率	30%	50%
销售费用率	2%	15%
管理费用率	2%	2%
财务费用率	1%	1%
研发费用率	5%	15%
营业净利率	20%	17%

此时分析者无法通过初步分析比较两家公司的经营状况或者发展潜力，需要结合详细分析才能得出进一步的分析结论。经过详细分析之后，分析者可能发现公司 D 的产品升级速度较快，若每年无法保证 15% 的研发费用投入，公司极有可能快速被市场淘汰。同样，由于市场竞争激烈，销售费用率也需要一直维持在 15% 及以上。在此背景下，虽然公司 D 拥有比公司 C 更高的产品毛利率和研发费用率，但是从经营稳定性方面评价，公司 C 的经营风险较小，更容易评估其未来业绩。

根据几大盈利能力指标的模式可以初步判断公司的经营特点。

常见的盈利能力指标模式如表 3-12 所示（括号中的数值仅为参考值，实际分析过程中可根据情况自行确定判断标准）。进行模式判断时通常仅考虑毛利率、销售费用率和研发费用率三大指标。管理费用率由于和公司经营结果相关性较低，不予考虑；财务费用率通常占比较小，也不予考虑。

表 3-12　盈利能力指标模式

模式	毛利率	销售费用率	研发费用率
模式一	低（低于 10%）	低（低于 2%）	低（低于 2%）
模式二	高（高于 50%）	高（高于 10%）	低（低于 2%）
模式三	高（高于 50%）	低（低于 2%）	高（高于 5%）
模式四	高（高于 50%）	高（高于 10%）	高（高于 5%）
模式五	较高（30%~40%）	高（高于 10%）	高（高于 5%）
模式六	较高（30%~40%）	低（低于 2%）	低（低于 2%）
模式七	较高（30%~40%）	高（高于 10%）	低（低于 2%）
模式八	较高（30%~40%）	低（低于 2%）	高（高于 5%）

1. 模式一

模式一下的公司大部分属于传统制造业企业，生产加工过程技术含量不高，公司整体净利率约 5%。此类上市公司一般营业收入规模较大，可通过规模的扩大提升公司净利润。

2. 模式二

销售费用率高说明公司属于 B2C 模式，毛利率高说明公司存在竞争优势。排除技术含量因素，公司的竞争优势可能来源于品牌或者渠道等因素。此模式下的公司一般属于消费品行业，尤其是食品饮料行业。

3. 模式三

与模式二相比，销售费用率低说明公司属于 B2B 模式，研发费用率高说明公司所处行业技术含量较高。此模式下的代表性公司或行业主要有软件公司和部分高端制造业。

4. 模式四

模式四属于三高模式，销售费用率高说明公司属于 B2C 模式，产品的最终消费者为个人。在日常运营中公司需要投入较高的研发费用开发新产品或者新技术以提升核心竞争力。缺少高毛利率将无法支持公司持续投入高额的销售费用和研发费用，所以此种模式下的毛利率也高。此模式下的代表性行业主要有生物医药行业和网络游戏行业。

5. 模式五

模式五下的公司经营难度较高，毛利可能仅仅能覆盖销售费用和研发费用支出。若公司经营不慎，将有可能直接面临亏损的结果，对公司战略管理和运营管理要求较高。此模式较少出现在上市公司中，一般出现在一些 B2B 模式的公司中。公司产品面向的客户群体较广并且定制化程度较高。

6. 模式六

模式六属于理想模式，该模式下公司净利率将超过 30%，上市公司中部分制造业存在此类公司。这些公司的产品通常是细分领域中的特色产品。

7. 模式七

与模式二相似，高销售费用说明公司主要是 B2C 模式，但是其毛利率却低于模式二中的公司。此模式下的代表性行业同样是消费行业，但是产品的外部竞争较为激烈，因此毛利率相对较低。

8. 模式八

模式八下的公司一般属于高端制造业或者提供定制化非标服务的

行业。

以上是上市公司盈利能力指标中比较常见的八种模式，但并未涵盖所有可能的模式。与贵州茅台类似，具有高毛利率、低销售费用率和低研发费用率的公司在上市公司中凤毛麟角，分析者可以快速完成分析，因此不赘述。

案例3-1 判断表 3-13 中的公司属于哪种模式（以 2022 年年报数据为例）

公司及盈利能力指标如表 3-13 所示。

表 3-13 公司及盈力能力指标

公司名称	毛利率	销售费用率	研发费用率
中金岭南（000060）	5.11%	0.27%	0.70%
泸州老窖（000568）	86.59%	13.73%	0.82%
福晶科技（002222）	57.80%	1.59%	10.06%
广联达（002410）	82.85%	25.79%	23.13%
远望谷（002161）	39.40%	16.64%	11.23%
南网能源（003035）	37.41%	1.37%	0.17%
美年健康（002044）	34.34%	23.59%	0.66%
天秦装备（300922）	30.18%	0.51%	6.73%

公司经营模式判断结果如表 3-14 所示。

表 3-14 公司经营模式判断结果

公司名称	所处行业	经营模式
中金岭南（000060）	有色金属	模式一
泸州老窖（000568）	消费品 - 食品饮料	模式二
福晶科技（002222）	计算机通信	模式三

公司名称	所处行业	经营模式
广联达（002410）	信息传输和软件	模式四
远望谷（002161）	计算机通信	模式五
南网能源（003035）	电能综合服务	模式六
美年健康（002044）	医疗	模式七
天秦装备（300922）	制造－仪器仪表	模式八

3.2.5 其他财务指标如何判断

第一，流动比率、速动比率和资产负债率。

它们需要综合考虑。流动比率和速动比率衡量的是公司短期内偿还债务的能力，而资产负债率则反映了公司的整体债务水平。

当资产负债率超过 80% 时，表明公司借债较多，相对资产而言，负债占比较大。这可能表明公司依赖债务融资。资产负债率高在公司经营较好的情况下不会成为影响公司经营发展的限制因素之一。但是当公司营业收入增速放缓导致公司基本面发生变化时，较高的资产负债率可能成为加速公司破产的因素之一。比如受到国家政策影响，房地产企业营业收入增速放缓甚至房产出现滞销的情况，基本面的影响加之房地产企业的高资产负债率，直接导致一些头部房地产企业面临破产清算的局面。

流动比率和速动比率低于 0.5 意味着公司的流动资产（货币资金、应收账款等）不足以覆盖流动负债（短期借款和应付账款等）。这可能是因为公司资产流动性弱或短期债务较高。同资产负债率类似，当公司经营陷入困境时，短期流动性压力会进一步影响公司的正常经营。

资产负债率、流动比率和速动比率并不仅仅是判断公司经营情况的指标，其更大的作用在于评估公司风险。

第二，存货周转率、应收账款周转率、应付账款周转率。

这些指标通常与公司的流动性指标存在关联。当公司资产负债率较低并且流动比率和速动比率较高时，说明公司整体经营效率较高，不需要投入较多的流动资金。反之则代表公司流动资金较为紧张，经营效率不高。

从三项指标的绝对值角度进行分析，存货周转率和应收账款周转率一般越高越好，甚至可以由于公司没有存货或者应收账款致使周转率无限高。而应付账款周转率，从理论角度讲该指标应该越低越好，该指标低说明公司能够更长时间占用供应商的款项。

商业实践中，一般销售过程中会有 1～3 个月的应收账款账期，所以应收账款周转率平均为一年 4 次左右说明公司符合一般商业习惯，超过 4 次说明公司应收账款余额较低，周转较快；低于 4 次则需要重点关注公司是否面临流动性风险并且应进一步评估应收账款质量。

存货周转率和应付账款周转率在不同行业差别较大，不存在一个统一的标准供分析者判断，分析者进行分析时应结合应收账款周转率对三项指标进行综合分析以得出公司运营效率的分析结论。

第三，现金收入比率。

对现金收入比率，一般以 1 为判断标准，超过 1 说明公司当年在销售过程中收取了较多的预收账款，公司现金流情况较好。当现金收入比率小于 1 时，说明公司存在应收账款，比率越低说明公司应收账款余额越高，现金流情况越差。但是公司结算方式的差异会导致指标失效，分析者需要结合第 9 章相关内容进行综合判断。

第 4 章

了解公司是怎么
挣钱的：营业收入分析

在投资者进行财务报表分析时，首要关注的就是公司的成长性。众多财务报表分析指标中，收入增长率是最能体现公司成长性的指标之一。若公司连续数年的主营业务收入增长率较高，通常表明该公司正处于快速发展阶段。经过深入分析，判断公司核心驱动因素在未来三至五年内不会发生显著变化，则可以准确预测公司未来的成长能力。本章将主要介绍主营业务收入的分析方法，内容涵盖从营业收入整体分析到分产品、分客户、分地区的营业收入分析。最后结合销售费用分析，分析者能够深入了解公司的销售状况，并识别影响营业收入的核心驱动因素。

4.1 想做好收入分析，这些数据少不了

以上市公司公开披露的年报为例，在进行营业收入分析之前需要将相关数据进行一定的搜集和加工以为后续的深入分析做好准备。根据不同的分析内容需要从年报中摘取不同的数据。营业收入的数据主要包括主营业务分行业、分产品、分地区、分销售模式数据，销售量数据，前五大客户销售额，销售费用明细及销售人员数量，经销商数据，等等。

1. 公司营业收入整体数据

公司分行业、分产品、分地区、分销售模式营业收入分别如表 4-1、表 4-2、表 4-3 和表 4-4 所示。

表 4-1　分行业列示营业收入

金额单位：元

分行业	营业收入	营业成本	毛利率	营业收入比上年增减	营业成本比上年增减	毛利率比上年增减
卤制食品销售	5 649 856 005.32	4 078 745 702.66	27.81%	-1.62%	7.23%	减少 5.96 个百分点
加盟商管理	74 565 445.27	2 727 019.75	96.34%	10.58%	0.54%	增加 0.36 个百分点
其他	728 044 404.89	718 497 240.14	1.31%	34.49%	41.14%	减少 4.66 个百分点
合计	6 452 465 855.48	4 799 969 962.55	25.61%	1.58%	11.23%	减少 6.45 个百分点

表 4-2　分产品列示营业收入

金额单位：元

分产品	营业收入	营业成本	毛利率	营业收入比上年增减	营业成本比上年增减	毛利率比上年增减
鲜货类产品	5 437 212 550.32	3 878 645 763.85	28.66%	-3.03%	5.27%	减少 5.63 个百分点
其中：禽类制品	4 204 344 820.68	3 016 792 082.63	28.25%	-2.92%	9.23%	减少 7.98 个百分点
其中：畜类产品	21 508 984.75	21 095 953.86	1.92%	-69.22%	-68.36%	减少 2.67 个百分点
其中：蔬菜产品	644 065 698.27	455 087 436.93	29.34%	5.03%	0.35%	增加 3.30 个百分点

分产品	营业收入	营业成本	毛利率	营业收入比上年增减	营业成本比上年增减	毛利率比上年增减
其中：其他产品	567 293 046.62	385 670 290.43	32.02%	-4.36%	-4.20%	减少0.11个百分点
包装产品	212 643 455.00	200 099 938.81	5.90%	56.25%	68.17%	减少6.67个百分点
加盟商管理	74 565 445.27	2 727 019.75	96.34%	10.58%	0.54%	增加0.36个百分点
其他	728 044 404.89	718 497 240.14	1.31%	34.49%	41.14%	减少4.66个百分点
合计	6 452 375 855.48	4 797 242 942.80				

表4-3 分地区列示营业收入

金额单位：元

分地区	营业收入	营业成本	毛利率	营业收入比上年增减	营业成本比上年增减	毛利率比上年增减
西南地区	864 894 213.32	635 352 496.84	26.54%	-6.64%	-0.21%	减少4.73个百分点
西北地区	68 317 111.93	65 843 015.00	3.62%	103.17%	139.35%	减少14.57个百分点
华中地区	2 002 180 623.57	1 471 450 506.26	26.51%	6.20%	12.64%	减少4.20个百分点
华南地区	1 432 415 334.57	1 111 552 617.01	22.40%	5.71%	15.66%	减少6.68个百分点
华东地区	1 189 322 014.57	871 692 209.84	26.71%	-8.93%	4.81%	减少9.61个百分点
华北地区	745 514 102.36	574 154 880.59	22.99%	1.95%	14.58%	减少8.48个百分点
部分境外市场	149 822 455.16	69 924 237.01	53.33%	31.25%	37.23%	减少2.03个百分点
合计	6 452 465 855.48	4 799 969 962.55	25.61%	1.58%	11.23%	减少6.45个百分点

表 4-4　分销售模式列示营业收入

金额单位：元

销售模式	营业收入	营业成本	毛利率	营业收入比上年增减	营业成本比上年增减	毛利率比上年增减
食品批发	5 232 040 861.03	3 893 949 108.16	25.57%	-1.63%	8.50%	减少 6.95 个百分点
食品零售	417 815 144.29	184 796 594.50	55.77%	-1.57%	-13.95%	增加 6.37 个百分点
加盟商管理	74 565 445.27	2 727 019.75	96.34%	10.58%	0.54%	增加 0.36 个百分点
其他	728 044 404.89	718 497 240.14	1.31%	34.49%	41.14%	减少 4.66 个百分点
合计	6 452 465 855.48	4 799 969 962.55	25.61%	1.58%	11.23%	减少 6.45 个百分点

2. 销售量数据

销售量数据是在进行营业收入分析，判断公司成长性时非常重要的数据。与销售量一并列示的，还有生产量和库存量数据，生产量数据将在成本费用分析中使用，库存量数据将在资产负债表分析中的存货余额分析中使用。在进行初步数据搜集的时候可以将这三项数据一并记录，如表 4-5 所示。

表 4-5　生产量、销售量和库存量数据

单位：千克

主要产品	生产量	销售量	库存量
鲜货类产品	132 598 294.25	132 485 564.58	476 503.34
其中：禽类制品	89 288 091.18	89 213 736.43	312 368.52
其中：畜类产品	198 696.41	202 674.26	322.59
其中：蔬菜产品	33 195 294.27	33 173 652.46	116 427.54
其中：其他产品	9 916 212.39	9 895 501.43	47 384.69

3. 前五大客户销售额

结合前五大客户的分析能够有效验证对营业收入增长率的判断，另外，从前五大客户营业收入集中度方面进行分析也能对公司的下游市场进行有效了解。前五大客户销售额（如表4-6所示）披露标准差异较大，分别有披露客户名称的前五大客户销售额、未披露客户名称的前五大客户销售额以及仅披露前五大客户明细销售额三种情况。若仅披露前五大客户明细销售额，将对后续的分析产生较大的影响，分析者无法通过客户维度进行验证。

表4-6　前五大客户销售额

金额单位：元

序号	客户名称	销售额	占年度销售总额比例
1	客户1	55 938 856.93	2.71%
2	客户2	39 740 478.26	1.92%
3	客户3	37 019 374.56	1.79%
4	客户4	36 376 924.75	1.76%
5	客户5	34 806 601.85	1.69%
合计	—	203 882 236.35	9.87%

根据统计，2009年A股上市公司总数为1 630家，该年度披露了前五大客户名称的公司数量为826家，披露率为50.67%；2010年上市公司总数为1 972家，披露了前五大客户名称的公司数量为1 043家，披露率为52.89%；此后，前五大客户名称的披露率一路走低，到2021年，上市公司总数攀升至4 681家，而披露了前五大客户名称的公司数量仅为456家，披露率已低至9.74%。

4. 销售费用明细及销售人员数量

在财务报表附注中对销售费用明细进行详细的披露，如表 4-7 所示。为了更好地对销售费用进行深入分析，还需要在年报中披露销售人员数量，如表 4-8 所示。

表 4-7　销售费用明细

单位：元

项目	本期发生额	上期发生额
职工薪酬	76 355 788.72	63 400 292.40
品牌推广费	73 395 540.82	46 004 328.32
电商平台推广服务费	50 049 285.38	30 984 583.65
差旅费	14 527 668.02	9 909 092.35
股份支付	4 015 087.07	2 372 717.41
其他	3 887 695.80	3 295 064.65
合计	222 231 065.81	155 966 078.78

表 4-8　销售人员数量

单位：人

专业构成类别	专业构成人数
生产人员	1 744
销售人员	384
技术人员	242
财务人员	40
行政人员	285
合计	2 695

5. 经销商数据

部分公司由于主要依靠经销模式实现营业收入，因此公司会在年报中披露关于经销商的相关数据，如表4-9所示。同理，有些零售类公司拥有大量的线下门店，其年报中会披露各种线下门店的信息。

表4-9　经销商数据

单位：个

项目	2023年	2022年
期初经销商	2 267	1 869
新增	942	890
撤销	152	492
期末经销商	3 057	2 267
其中：经销模式经销商	2 339	1 721
试销模式经销商	718	546

在上述原始数据准备完成后，分析者需要手工完成整理。整理格式如表4-10所示，将每一年的数据逐个录入Excel以便后续进行深入分析。

表4-10　产品销售额数据整理格式示例

单位：万元

产品	2018年	2019年	2020年	2021年	2022年
酱油	1 023 629.78	1 162 851.18	1 304 339.60	1 418 810.53	1 386 118.23
调味酱	209 231.33	229 144.49	252 415.20	266 584.73	258 400.87
蚝油	285 561.55	348 982.41	411 293.42	453 151.31	441 653.46

4.2　整体分析，初识端倪

公司在日常经营过程中很少存在仅销售单一产品的情况，为了公司的长期发展，需要不断寻找新的收入增长点。在进行整体分析时首先进行分产品收入结构比分析和分产品收入增速波动分析。

4.2.1　收入结构比分析，识别核心分析产品

在分析公司营业收入时，一种有效的方法是计算各个产品的营业收入占公司整体营业收入的比例。这种分析的主要目的是识别公司的主要产品和次要产品。对于次要产品，在进行财务报表分析时通常不会过多关注，特别是当这些产品的收入占比不超过 10% 时。然而，如果公司产品众多且各产品间的平均占比差异不大，这种情况下需要采取不同的分析方法。通过收入结构比分析，分析者可以更清楚地了解公司营业收入的组成情况，从而对公司的产品策略和市场定位有更全面的认识。

由表 4-11 可知，恒光股份生产的产品较多，分析者在进行分析时不可能对其所有产品进行深入了解。为了提升分析效率，分析者需要对公司的核心产品进行分析，对于非核心产品可以不过多关注。例如蒸汽，2022 年营业收入占比为 4.90%，或者三氯化磷，2022 年营业收入占比为 3.48%，此类非核心产品可以不过多关注。

表 4-11 恒光股份分产品营业收入占比

金额单位：元

产品	2022 年		2021 年	
	金额	占比	金额	占比
氯酸钠	219 836 067.06	20.35%	230 126 053.28	24.65%
烧碱	120 304 497.53	11.14%	85 119 106.65	9.12%
三氯化铝	77 333 847.26	7.16%	84 416 464.96	9.05%
锗产品 - 自产	54 618 767.59	5.06%	31 689 394.23	3.40%
锗产品 - 受托加工	2 356 214.02	0.22%	5 056 764.02	0.54%
氢气	32 027 021.33	2.97%	25 479 470.00	2.73%
三氯化磷	37 627 911.53	3.48%	36 646 670.12	3.93%
硫酸	161 229 743.31	14.93%	180 583 136.27	19.35%
精矿粉	79 856 193.01	7.39%	108 152 281.66	11.59%
蒸汽	52 939 753.89	4.90%	44 560 323.56	4.78%
半胱胺盐酸盐	39 767 945.63	3.68%	15 761 697.32	1.69%
氨基磺酸	93 294 420.10	8.64%	40 851 113.73	4.38%
其他	108 846 585.15	10.08%	44 659 317.01	4.79%
合计	1 080 038 967.41	100.00%	933 101 792.81	100.00%

4.2.2 收入增速波动分析，判断产品关联性

在完成对产品结构比的分析后，分析者通常会对公司的主要产品有初步了解。第二步应分析各个产品的收入增速波动。在进行分产品的收入增速波动分析时，主要目的是将各个产品的收入增速进行对比分析以识别公司内各产品下游客户是否相同。分产品的收入增速波动通常呈现以下几种情况。

1. 单一主导产品

若公司某一产品占整体营业收入的 70% 以上，则该产品的营业收入增速波动通常与公司整体的营业收入增速波动相一致。无须进一步分析各产品之间的收入增速对比。

2. 多个主要产品

若公司存在多个主要产品，且每个产品均占公司整体收入的 30% 左右，则需分别对比每个产品的收入增速波动。若这些产品的收入增速波动一致，则表明这些产品下游客户属于同一行业或关联度较高，其收入增速波动应与公司整体收入增速波动相一致。如果各产品的收入增速波动不一致，则表明公司下游客户可能处于不同行业，后续应根据不同的产品进行财务报表分析或者公司估值。

3. 增速快的次要产品

在分析时，也应特别关注那些当前销售额占比不大，但近几年营业收入增速较快的产品。这些产品未来可能成长为公司的主要产品，甚至可能改变公司的估值模式。

仍然以恒光股份营业收入为例，从表 4-12 可知，公司各产品营业收入增速波动差异较大。公司主要产品氯酸钠，2021 年营业收入增速为 23.39%，2022 年营业收入增速为 −4.47%；第二大产品硫酸 2021 年营业收入增速高达 244.96%，2022 年营业收入增速为 −10.72%。由此可见第一大产品和第二大产品营业收入增速变动差异较大，属于两种完全不同的产品，其外部行业情况、市场竞争情况等可能均存在较大差异。若分析者需要对该公司进行深入分析，除了财务报表分析之外，可能还需要深入了解外部行业情况和市场竞争情况，分析工作量较大，分析者需要酌情确定是否需要开展进一步分析。

表4-12　恒光股份分产品营业收入增速波动

金额单位：元

产品	2022年	波动	2021年	波动	2020年
氯酸钠	219 836 067.06	-4.47%	230 126 053.28	23.39%	186 495 467.93
烧碱	120 304 497.53	41.34%	85 119 106.65	31.94%	64 512 944.87
三氯化铝	77 333 847.26	-8.39%	84 416 464.96	54.55%	54 621 400.01
锗产品－自产	54 618 767.59	72.36%	31 689 394.23	-18.53%	38 896 084.52
锗产品－受托加工	2 356 214.02	-53.40%	5 056 764.02	-43.62%	8 969 460.87
氢气	32 027 021.33	25.70%	25 479 470.00	-8.42%	27 823 599.07
三氯化磷	37 627 911.53	2.68%	36 646 670.12	50.04%	24 425 069.63
硫酸	161 229 743.31	-10.72%	180 583 136.27	244.96%	52 349 444.50
精矿粉	79 856 193.01	-26.16%	108 152 281.66	39.57%	77 486 903.37
蒸汽	52 939 753.89	18.80%	44 560 323.56	27.87%	34 848 786.29
半胱胺盐酸盐	39 767 945.63	152.31%	15 761 697.32	-19.08%	19 476 946.55
氨基磺酸	93 294 420.10	128.38%	40 851 113.73	140.17%	17 009 222.37
其他	108 846 585.15	143.73%	44 659 317.01	50.29%	29 715 468.70
合计	1 080 038 967.41		933 101 792.81		636 630 798.68

4.3　核心中的核心，营业收入增长率的八种形态

在正式开展明细分析前，分析者通过财务指标初判断已经对营业收入增长率进行了初步分析，了解了营业收入增长率的变化趋势和异

常数据。本节将介绍营业收入增长率的八种形态，以帮助财务报表分析者对营业收入的变化趋势有更深刻的理解。

营业收入增长率一般根据时间维度进行分析可以划分为短期维度（1～3（不含）年）、中期维度（3～5（不含）年）以及长期维度（5～10（不含）年）三个维度。

短期维度，仅考虑本年营业收入相对于上年的绝对增长值，可能不足以提供深入的洞察。由于缺少相对比较值，分析者需通过产品维度、渠道维度、地区维度及客户维度等细分指标来深入理解营业收入增长的动因。

中期维度，能够通过观察这一时期内营业收入增长率的波动，分析公司的经营状况和所处行业的发展趋势。此外，这一时期的波动情况也可在一定程度上帮助分析者预测未来的营业收入增长率。

长期维度，通过回顾历史发展情况，分析者可以更加全面地了解公司的发展历程，并识别推动公司发展的关键要素。但较长的年限意味着对公司的要求较高，其主要产品和经营模式需保持稳定，否则财务报表分析就会存在局限性。

本书主要围绕中期维度进行分析，通常以连续五年的各项指标数据作为分析对象。此外，由于目前上市公司大部分属于多元化经营，仅分析公司整体营业收入增长率无法满足分析者的需求。所以建议进行营业收入增长率分析时，将分析维度进一步细分至公司的各个产品。

公司的发展趋势与股价的日波动趋势不同，股价日波动可能由于受到多种因素的影响难以从趋势角度进行分析和预测。但是公司运营不太可能在某一天或者某一周突然发生变化，公司发展趋势在时间维度上是存在分析和预测的价值的。如果在分析过程中能够获得颗粒度更细的数据，例如季度销售数据，则此分析方法能够帮助分析者获得更有价值的洞察。

营业收入增长率有八种形态，如图 4-1 所示（这八种形态仅代表理想状态下的形态，公司发展过程中，营业收入数据可能出现一定程度的偏离或者异常值，分析者在进行分析时关注形态即可）。

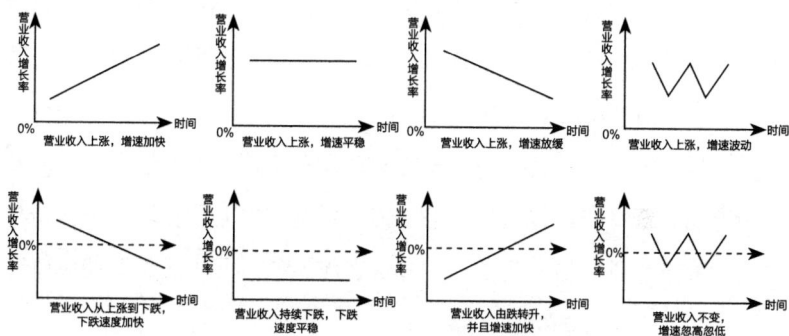

图 4-1 营业收入增长率的八种形态

1. 形态一：营业收入上涨，增速加快

形态一通常被分析者青睐，因为它显示了公司过去几年的营业收入不仅持续增长，而且增长速度逐渐加快。形成这一形态主要有两个原因：第一个原因可能是该产品所处市场正处于快速发展阶段，市场规模的快速扩大促使营业收入的上涨；第二个原因可能是产品销售规模较小，因此即使营业收入增加的金额不大，但其增速也可能异常显著。

在发展较为成熟并且竞争激烈的市场中，由于竞争格局较为稳定，营业收入很难实现持续加速增长。部分市场可能由于需求波动或特殊事件造成 1～2 年的营业收入波动，但不太可能连续 5 年形成波动趋势。

当营业收入增长率为形态一，且销售规模超过亿元之后，下一步需验证营业收入的增长质量，分析者需结合行业平均增速和竞争对手的营业收入增速进行综合判断。如果公司所在行业处于快速增长期，公司营业收入增速的核心驱动因素可能是行业规模的扩大。对未来营业收入增速的预测需结合行业分析。若公司营业收入增速超过行业增速，表明公司可能在进一步蚕食竞争对手的市场份额。此时，分析者需进一步评估公司的核心竞争力。

"风口来了，猪都会飞"意味着在行业快速发展的情况下，即使公司产品表现平平，也可能获益。但这不意味着公司在行业中占据领先地位或产品具有核心竞争力。分析者应该通过分析找到即使风口过了，仍能在天上飞的那些"猪"。

2. 形态二：营业收入上涨，增速平稳

形态二表示营业收入呈现上涨的态势，而上涨的比率高低对分析上市公司非常重要。根据财务指标初判断，年营业收入增速30%以上被视为高增速，10%～30%属于正常增速，10%以下则属于低增速。

若公司展现出的平稳增速属于高增速或正常增速，通常是形态一的延续。处于此阶段的公司所在行业可能仍在快速扩张，但已过了爆炸性扩张阶段。行业内各公司的竞争态势相对稳定，因此整体增速也较为稳定，且处于较高水平。这种情况下的分析思路与形态一相似，主要聚焦于预测行业规模的未来增长速度及比较同行业竞争对手的营业收入增速。

若公司的平稳增速属于低增速，这对投资者而言可能是一个不利

信号。这意味着虽然过去一段时间内公司营业收入有所增长，但年增长率较低，表明营业收入增长面临较大挑战。这种情况下，行业可能已接近饱和状态，即将进入存量市场竞争。在此环境中，公司的核心竞争力显得尤为关键。缺乏核心竞争力或核心竞争力不足的公司可能面临未来营业收入下滑的风险。在这种情况下，通过产品的量价分析，分析者可能会发现公司产品销售量已经出现不增长或者下滑的情况。

3. 形态三：营业收入上涨，增速放缓

形态三一般属于由高增速转向低增速的过渡阶段，经历了一段时间的高速增长之后逐步遇到发展瓶颈，瓶颈可能来自市场需求减少，也有可能来自同业竞争日趋激烈。若连续 2 ~ 3 年呈现增速放缓状态，则表明该趋势已经形成，后续需重点关注核心竞争力以确认在存量市场竞争中是否可以保证经营业绩持续增长。

结合市场规模的发展，一个产品的营业收入可能首先经历形态一，增速到了一个顶点后可能持续一段时间的高增速，随之经历形态三，最终营业收入增速稳定在某一低增速水平。上述描述仅是对营业收入增长率变动的理想化描述，在实际发展过程中，市场环境瞬息万变，公司在某一形态的周期可能特别短暂。在分析时还是需要结合公司所处行业进行，从而得到更加深入的洞察。

海天味业 2018—2020 年的营业收入大致满足形态二的特征，以 15% ~ 16% 的增速平稳增长，如图 4-2 所示。这说明海天味业所处市场不属于高速增长行业，行业处于正常发展过程中。同时由于海天味业营业收入增速不属于低速增长，说明行业规模仍然没有到顶，仍存在发展空间。

公司 2021 年和 2022 年营业收入增长率快速下降，由形态二转变为形态三，从形态分析公司可能面临增长瓶颈，分析者需要结合行业分析进一步确认影响营业收入增长率变化的核心驱动因素，以便对公司未来的财务表现形成更准确的结论。

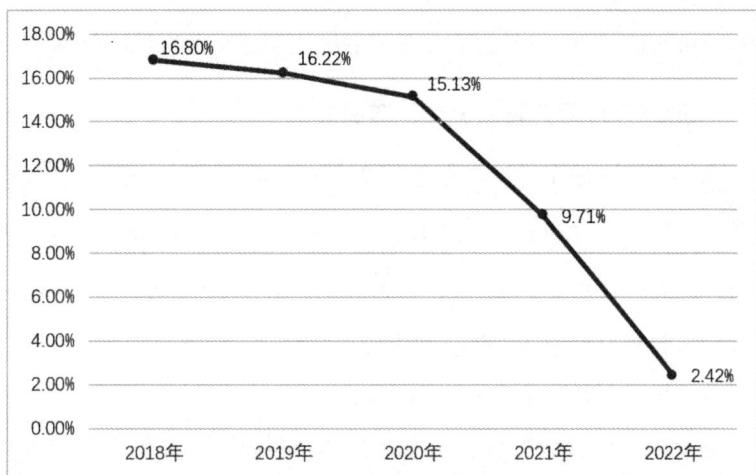

图 4-2　海天味业营业收入增速

4. 形态四：营业收入上涨，增速波动

形态四一般表明公司所处的行业整体呈现上涨的趋势，但是行业受外部环境的影响较大。对于此形态，还需从行业的角度去验证未来营业收入增长的可持续性。另外需要了解营业收入增速产生波动的原因，以便进一步判断未来的营业收入增速是否仍然处于波动状态。

双箭股份营业收入增长率呈现非常明显的波动特征，如图 4-3 所示。双箭股份主要生产工业用输送带，其核心原材料是合成橡胶。近几年随着石油价格的大幅度波动造成了橡胶价格的波动，进一步传导至公司产品的价格波动。分析者可以通过营业收入的波动形态分析结合后续的销售进一步了解影响公司营业收入波动的核心要素。

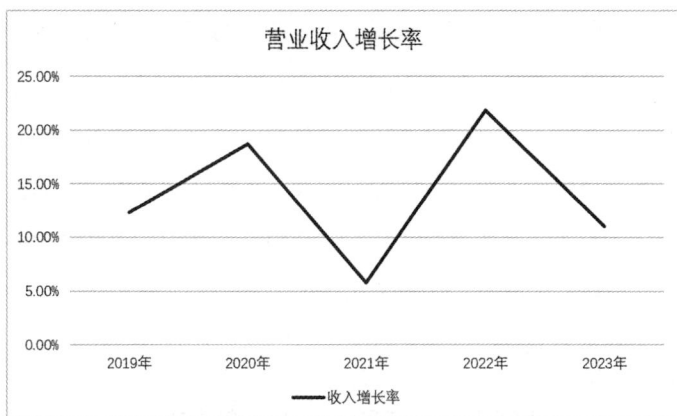

图4-3　双箭股份营业收入增长率变化

5. 形态五：营业收入从上涨到下跌，下跌速度加快

形态五表明营业收入在到达顶点后出现衰退，且衰退速度逐渐加快，跳过了形态二所处阶段。此衰退是持续性的，无法仅凭偶发的市场环境剧烈波动来解释。分析者在结合行业和竞争对手情况进行综合判断的同时，还需考虑公司内部可能存在的管理问题或其他内生问题。

例如，某些公司在日常管理中可能忽视了对经销商的关注和管理，缺乏双赢意识，过分追求从经销商处榨取利益，最终导致经销商选择暂停与公司合作，进而引发营业收入下滑。此类问题通常源于内部管理不善，因此，分析者需深入了解营业收入下滑的具体原因。如果这些问题可通过调整管理策略等手段解决，在行业保持正常发展的背景下，公司的业绩仍有望提升。

6.形态六：营业收入持续下跌，下跌速度平稳

相较于形态五，形态六呈现出更为严重的情况：过去几年公司始终处于营业收入规模持续萎缩的状态。与营业收入增长、增速稳定的情况不同，在形态六下，营业收入下降的速度已非关键考虑因素，不论是下降速度较快还是较慢，都无法改变本质。在分析此形态时，应当遵循分析形态五时的思路，不仅要考虑行业影响，还应考虑公司内部可能存在的重大问题，如严重的管理不善或产品缺乏核心竞争力等因素。

7.形态七：营业收入由跌转升，并且增速加快

形态七相较于形态五和形态六表现出更为积极的信号，显示公司在经历一段时间的改善或优化后，其营业收入增速从负转正。一般而言，形态七下公司营业收入的变化与外部行业的关联性较大。

在此情况下，分析者应专注于识别实现公司营业收入逆转的核心驱动因素，并评估这些因素是否具有持续性，以便判断公司营业收入增速未来是否可能演变为形态一或形态二。这要求分析者深入了解公司的内部改革、市场策略、产品创新以及行业发展等多方面因素，以全面评估公司长期发展潜力。

8.形态八：营业收入来回波动

形态八可能是投资者最不偏好的一种形态，表现为公司营业收入的波动性较大，但从总体上看，近几年的变化并不显著。公司所在行

业的规模可能已到达顶峰，但由于行业特性，其营业收入可能因某一外部因素而导致年度间的变化显著。对投资者而言，应尽量避免投资处于此种形态下的公司，因为行业的波动往往难以准确预测，一般呈现此种形态的公司多属于周期性公司。

正邦科技主营业务为生猪养殖和猪肉销售，其所处行业为典型的周期性行业。通过分析正邦科技 2018—2022 年营业收入增速（见图 4-4）可以发现，公司营业收入增长率呈现波动状态并且 2018—2022 年营业收入并未发生较大变化，完全符合周期性行业特征。

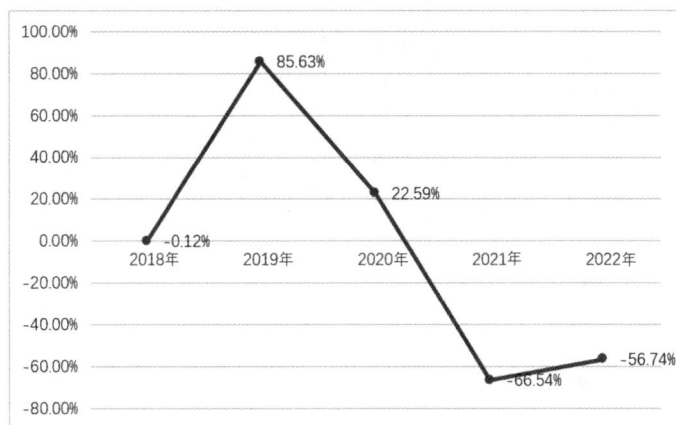

图 4-4　正邦科技营业收入增速

以上是八种常见的营业收入增长率形态的概述。当然，这些都是理想状态下的可能形态，并不排除个别公司在某一年出现异常波动，影响整体增长率形态分析的价值。此外，对营业收入增长率的分析通常需要结合行业平均水平和竞争对手的营业收入增长情况进行综合判断，以更深入地了解公司的过去和未来。

上述八种形态仅根据营业收入金额分析判断得出，影响营业收入的因素主要有单价和销量，分析者需要进一步进行量价分析并结合公司营业收入增长率的形态挖掘影响营业收入的核心驱动因素。

4.4　拨开迷雾，营业收入分析方法：量价拆分

营业收入的波动主要由销量变化或平均价格变化所驱动。根据营业收入的计算公式，即营业收入等于销量乘以平均价格，分析者可以通过分析销量和平均价格的驱动因素来更有效地验证之前对公司所处行业未来发展的假设并进行预测。

销量的变化可能受市场需求、市场份额、渠道扩展以及营销活动效果等多种因素的影响。而平均价格的变化则可能由成本变动、定价策略、产品升级、品牌价值及市场竞争等因素所驱动。综合分析影响销量和平均价格的因素，分析者能够更全面地了解公司营业收入变动的驱动因素，为进一步的战略决策制定和市场预测提供更为坚实的基础。

4.4.1　快速上手，三步完成量价拆分

为完成营业收入的量价分析，分析者可以遵循三个关键步骤：第一步是进行量价拆分，第二步是进行原因分析，第三步则是进行未来预测。

步骤一：进行量价拆分。

在完成营业收入分析基础数据准备后，在 Excel 文件中准备进行

量价分析需要的数据。将各产品营业收入除以销量得出平均价格并且输入表格，如表4-13所示。

表4-13　量价拆分示例

项目	数值	增速
营业收入（元）	738 526 939.90	14.65%
销量（吨）	2 817 125.00	6.00%
平均价格（元/吨）	262.16	8.16%

在进行量价分析前，分析者需要确定待分析公司是否满足量价分析的前提条件，此外还需要了解量价拆分的基本计算逻辑。

财务报表分析会由于一些原因无法开展，量价分析同样会由于以下三大原因无法实施：

①当公司的主营业务以项目制形式开展时，如施工、房地产或部分软件开发行业；

②当信息披露维度不匹配时，如部分上市公司分产品的营业收入披露与销量披露无法准确对应；

③当信息披露颗粒度过大时，量价分析将失去意义，细分产品结构波动可能导致量价大幅波动，如有的公司披露其生产的产品为汽车零部件，但实际生产过程中公司提供诸如塑料零部件、金属零部件等多种差异较大的独立产品。

量价拆分的基本计算逻辑就是量价拆分后的营业收入变动比率并非销量波动比率与平均价格波动比率的简单相加。分析时应通过销量波动和平均价格波动的绝对值大小分别判断其对营业收入波动的影响。具体计算公式如下。

$$平均价格 \times 销量 = 营业收入$$

假设公司实现 10 000 元收入，销售 100 个产品，每个产品平均价格 100 元。则不同情况下的收入变动情况如下。

平均价格提升 10%，销量不变：$100 \times 1.1 \times 100 = 11\,000$（元）。

平均价格不变，销量提升 10%：$100 \times 100 \times 1.1 = 11\,000$（元）。

平均价格提升 10%，销量提升 10%：$100 \times 1.1 \times 100 \times 1.1 = 12\,100$（元），此时收入提升 21%。

平均价格下降 10%，销量提升 10%：$100 \times 0.9 \times 100 \times 1.1 = 9\,900$（元），此时收入下降 1%。

步骤二：进行原因分析。

量价拆分完成后，需要对拆分结果进行详细分析，识别具体驱动因素。具体分析逻辑如图 4-5 所示。

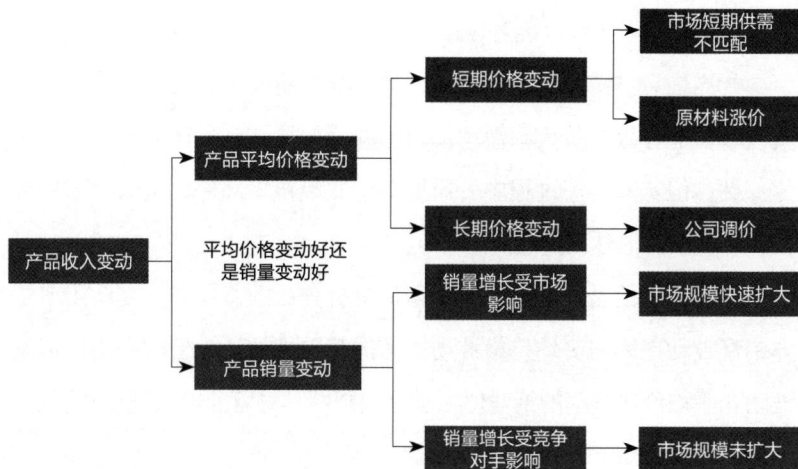

图 4-5　量价变动原因分析逻辑

产品平均价格变动可进一步从时间维度上拆分为短期价格变动和长期价格变动。短期价格变动通常由市场短期供需不匹配或原材料涨价引起。以 2022 年新能源电池电解液的主要原材料六氟磷酸锂为例，其价格因供需不匹配及原材料涨价从 5 万元 / 吨上涨至 50 万元 / 吨，随后又因市场供需平衡和原材料价格下跌而回落至 10 万元 / 吨。此类变动一般在 1 ~ 2 年回归正常。

短期价格变动并不意味着产品价格会发生周期性波动，如猪肉的"猪周期"中，猪肉价格一般会在 5 ~ 7 年变动，而短期价格变动通常由外部因素导致价格短期失衡，对上市公司业绩影响显著。分析时，应考虑这类波动会在 1 ~ 2 年后消失，不能以短期市场爆发性增长作为公司估值基础。

长期价格变动通常源于公司产品调价。若一家公司是以频繁的调价作为销售收入增长的驱动因素，那么这家公司的收入增长不可持续。客户是不可能容忍长期的频繁涨价行为的，尤其当公司所处行业的客户属于价格敏感型客户时。公司也有可能通过逐年的降价以获得销量的增长，以价换量，通过量的增长保证公司整体业绩快速增长。

产品平均价格变动的其他影响因素包括产品结构变化，如上市公司某产品分类中高端产品占比提升可能导致平均价格上涨等。

产品销量变动则可以进一步划分为销量增长受市场影响和受竞争对手影响，销量下跌同理划分。

在营业收入增长率形态分析部分，对于形态一，即营业收入增长率持续提升的公司所在行业规模快速扩张，公司理所当然地成了"风口上的猪"。此时排除价格变动的影响，将销量的变动率与整个行业规模的变动率进行对比。以增长形态为例，公司销量增长率大于行业规模增长率的，说明公司在享受行业红利的同时比竞争对手获得了更多的市场份额，在未来的存量市场竞争中占得了先机。反之，若公司销量增长率小于行业规模增长率，则分析者需要警惕公司业绩的虚假繁荣，当行业红利消退后，此类公司可能成为先"爆雷"的公司之一。

对于处于存量竞争市场的公司，存量市场规模的增长率一般较低或者呈负增长，行业内公司寻求增长的方式是不断蚕食竞争对手的市场份额。当处于存量市场中的公司的销量增长时，分析者需要重点对市场变化进行分析，判断究竟是公司核心竞争力提升还是竞争对手犯错促使销量增长。

步骤三：进行未来预测。

分析了原因之后需要对这些核心驱动因素在未来如何变化发展进行预测，分析者应该结合行业分析、市场供需分析等分析方法得出准确的结论。

4.4.2　深入洞察，量价变动的十种模式

进行了量价变动原因分析之后，通过将平均价格和销量的变动趋势进行组合分析，得出十种模式，如图 4-6 所示。

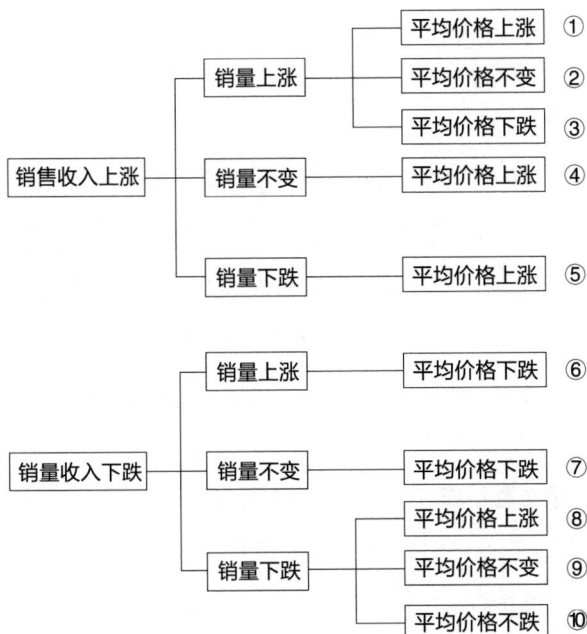

图 4-6　量价变动的十种模式

销售收入上涨
- 销量上涨
  - 平均价格上涨　①
  - 平均价格不变　②
  - 平均价格下跌　③
- 销量不变
  - 平均价格上涨　④
- 销量下跌
  - 平均价格上涨　⑤

销量收入下跌
- 销量上涨
  - 平均价格下跌　⑥
- 销量不变
  - 平均价格下跌　⑦
- 销量下跌
  - 平均价格上涨　⑧
  - 平均价格不变　⑨
  - 平均价格不跌　⑩

（1）量价齐升

首先要确定销售收入上涨是由销量的增长驱动的还是由平均价格的上涨驱动的。分析者可以通过比较销量增速和平均价格增速的绝对值来判断，一般情况下此模式主要是由量或价单一驱动，另外一个要素仅是微小的变化以至于在分析时可以忽略不计。连续 3 年均存在量价齐升的情况一般发生在外部市场快速发展的场景中，一方面市场规模快速扩大促进量的增长，另一方面随着产品的成熟，产品的功能和成本也随之增加，最终使该产品量价齐升。如果仅是短期内的量价齐升，则主要是由于供需失衡，销量上涨的过程中伴随着平均价格的快速提升。

（2）量涨价不变

单要素的变化，可以用量价分析三步法直接进行分析。

（3）量涨价跌

这种模式下除了需考虑量价分析三步法中对销量增长的判断因素之外，还需要考虑是否存在公司主动降价，采用以价换量的策略使得销量上涨。分析者可以结合市场规模的变化或者竞争对手的变化进行验证判断。以价换量从商业逻辑上不可持续，虽然可以改变 1 ~ 2 年的财务表现，但是公司若没有寻找到新的增长点，未来的财务业绩表现会不尽如人意。

（4）价涨量不变

单要素的变化，可以用量价分析三步法直接进行分析。

（5）价涨量跌

此情形发生主要有两个原因：第一，公司涨价策略不成功导致销量下跌，大部分公司客户都属于价格敏感型客户，产品平均价格的上涨导致客户选择竞争对手的产品，竞争对手蚕食了公司的市场份额；第二，可能该产品已经处于衰退期，市场整体需求逐年下降，部分竞争对手已经剥离该产品线或者放弃该产品，公司被动成了市场份额最高的公司从而拥有了一部分定价权，促进了产品平均价格的提升。

以上五种模式不管量价的驱动因素和占比如何，产品整体的销售收入还是呈现增长的趋势。虽然可能未来的增长不可持续，但至少当下的财务表现尚可。后续五种模式则是让公司陷入了困难的境地。

（6）量涨价跌

此模式下公司一般面临着极其激烈的市场竞争，公司和竞争对手只能开启价格战模式。但是整体降价带来销量上涨的策略是不成功的，因为降价对收入的影响已经超出销量上涨的影响。后续随着价格战的升温，陆续会有竞争对手退出市场，最终形成稳定格局。

（7）价跌量不变

此模式类似于模式六，但是公司面临的外部竞争环境更差，降价无法带来销量的上涨，仅仅能维持原有的销售规模。

（8）价涨量跌

公司产品涨价但是客户不买单，导致销量下跌而且影响公司整体收入，公司下一步可能会调整价格，刺激销量。

（9）量跌价不变

单要素的变化，可以用量价分析三步法直接进行分析。

（10）量价齐跌

最差模式，产品处于全面萎缩阶段，公司亟须寻找改善的方法或者第二增长曲线。

案例 4-1 海天味业酱油量价分析

表 4-14 是海天味业酱油 2018—2022 年量价拆分表，分析者可以参照量价分析三步法进行进一步分析。

表 4-14　海天味业酱油 2018—2022 年增长率

指标名称	2018 年	2019 年	2020 年	2021 年	2022 年
销售收入增长率	15.85%	13.60%	12.17%	8.78%	-2.30%
销量增长率	14.78%	15.62%	12.99%	8.44%	-5.93%
平均价格增长率	0.94%	-1.75%	-0.72%	0.31%	3.85%

首先，分析酱油 2018—2022 年的销售收入增长率变化趋势，2018—2021 年销售收入处于上涨趋势，2022 年销售收入增长率首次为

负。将量价拆分开进行分析发现：2018—2021 年酱油销售收入主要依靠销量驱动，销售收入增长率与销量增长率基本上相近，而平均价格在四年内基本没有变化。2022 年销量下滑较多，虽然平均价格有小幅度的上涨，但是上涨的幅度被销量大幅度下跌影响导致销售收入下跌。

其次，将 2018—2021 年和 2022 年单独进行原因分析，根据市场调研数据，酱油整体市场规模增长约为 10%，海天味业的平均销售收入增长率与此相近。因此可以初步判断，2018—2021 年海天味业整体的销售收入增速与酱油市场规模增速相近，海天味业销量的核心驱动因素为市场规模扩大。若市场规模持续扩大，则可以将市场规模平均增长率作为海天味业未来销售收入增长率的参考依据。

但是在 2022 年，海天味业销量增长率出现了大幅度下滑，似乎 2018—2021 年形成的核心驱动因素发生了重大改变。分析者需要了解发展模式发生重大改变的原因究竟是什么。根据以往年度分析经验发现公司并未采取主动涨价的策略，那么可以初步推断 2022 年平均价格上涨是被动因素导致的。进一步深入了解产品发现：2022 年，酱油的主要生产原材料大豆平均价格上涨较多。原材料价格的上涨导致公司对产品售价进行了调整。

识别出平均价格上涨的原因后需要进一步了解销量下跌的原因，可能存在两种原因。①价格上涨导致价格敏感型消费者寻求竞争对手的产品导致销量下跌。公司产品的价格区间为 10 ~ 20 元，以 20 元产品为例，价格上涨 3.85% 约上涨了 0.77 元。平均上涨金额较小，消费者基本很难感知到价格变化，由此判断销量受平均价格上涨影响可能性较小。②酱油市场出现瓶颈，市场整体疲软。但是市场调研分析报告指出：2022 年全国酱油市场规模的增速仍保持在 10% 左右。由此可以认为海天味业的市场份额被竞争对手蚕食。分析者需要抱着打破砂锅问到底的精神分析市场份额被竞争对手蚕食的原因。

根据逻辑推理可以发现：2018—2021 年海天味业销售收入增速较为平稳，整个行业竞争格局未发生重大变化。在 2022 年整个市场发展正常的前提下，竞争对手不可能在 2022 年突然抢走海天味业如此巨大的市场份额，有可能是海天味业自己犯错造成了销量的下滑。2022 年海天味业发生的"添加剂"事件给海天味业整体的品牌形象带来巨大的负面影响，造成了销量下滑。根据逻辑推理的结果与实际的结果相一致。

最后，结合量价分析的核心驱动因素判断公司的成长性。但是海天味业未来的发展趋势较难预测，难点在于无法判断"添加剂"事件对公司销量的影响究竟是短期的还是长期的。若是短期影响，随着消费者信心的恢复，公司的销售收入增长速度会回弹。若是长期影响，2018—2021 年的分析结论对未来销售收入增长率的预测没有意义，因为公司业绩的核心驱动因素在 2022 年发生了颠覆性的改变。

案例 4-2　千禾味业酱油量价分析

千和味业主打"0 添加"酱油，是海天味业的直接竞争对手。根据海天味业的量价分析结论，千禾味业的发展趋势应和竞争对手相似，但实际上二者的核心驱动因素差异较大。

千禾味业销售收入增长率与销量增长率在 2019 年和 2022 年相差不大，产品平均价格并未发生显著变化，如表 4-15 所示。但是 2020 年和 2021 年公司产品平均价格出现了下跌，尤其是 2021 年下跌较多，造成 2020 年和 2021 年公司销售收入增速变缓。参照案例 4-1 海天味业的分析结论，其 2019—2021 年产品平均价格基本没有变化，仅在 2022 年由于原材料平均价格上涨而进行了调价。但是千禾味业的产品平均价格变动趋势与海天味业完全不一致，需进一步评估了解千禾味业销售收入增长的核心驱动因素。

表4-15 千禾味业酱油 2019—2022 年增长率

指标名称	2019 年	2020 年	2021 年	2022 年
销售收入增长率	37.20%	26.20%	12.15%	28.01%
销量增长率	36.76%	33.33%	30.18%	27.49%
平均价格增长率	0.32%	-5.35%	-13.85%	0.40%

千禾味业 2020 年和 2021 年的量价变动模式属于量涨价跌，通过平均价格的下调刺激销量的上涨。千禾味业在 2020 年和 2021 年持续下调价格，甚至 2021 年下调幅度约达 14%，但与之相对应的销量的增长率并没有显著变大，比 2019 年平均价格未调整时的销量增长率还低。那可能意味着如果公司的产品在 2020 年和 2021 年没有降价，则这两年的销量增长率会严重下降。2022 年由于海天味业的"添加剂"事件，千禾味业蚕食了部分海天味业的市场份额。但是 27.49% 的销量增长率显然低于前几年的销售增长率。

综上分析，千禾味业在 2020—2022 年的整体销售情况不容乐观，30% 左右的销量增长率主要受产品调价和外部突发事件影响，需要进一步关注公司未来的发展情况。

以上分析仅仅是针对量价分析形成的初步结论，分析者还需要从其他维度获得更多的信息以保证不同维度信息的分析结论可以互相验证。此外，不同的分析者基于有限的公开披露信息可能形成不同的分析结论。

4.5 收入分析必不可少的维度：客户维度

客户维度的收入分析主要基于年报中披露的前五大客户的销售额，一方面对公司收入的质量进行验证，判断是否存在客户集中度过高导致收入波动风险较大的情况；另一方面通过分析客户维度的收入明细也可以在一定程度上验证收入的质量。分客户收入分析主要包括两个内容：客户集中度分析和前五大客户营业收入波动分析。

在进行客户集中度分析时，关注的是公司收入依赖于特定客户的程度。高客户集中度可能表明公司对少数几个大客户过度依赖，这可能带来业务风险。低客户集中度则意味着公司的收入来源较为分散，风险相对较低。

前五大客户营业收入波动分析则关注这些主要客户的购买行为如何随时间变化。例如，某一大客户的订单量增加可能是公司收入增长的核心驱动因素。

对于 B2C 企业，前五大客户可能主要是像淘宝、京东或者大型超市这样的第三方销售平台。在这种情况下，客户分析的意义可能不如在 B2B 企业中那么显著，因为平台本身并不决定客户购买行为，仅仅扮演着销售渠道的角色。然而，对于 B2B 企业，了解和分析主要客户的行为对理解收入波动和预测未来趋势至关重要。

4.5.1 客户集中度高究竟好不好

客户集中度分析主要通过计算前五大客户营业收入占总收入的比例来判断公司是否存在对大客户的依赖。这一数据通常可直接从年报获得。一般以 50% 作为标准，超过 50% 的客户集中度通常被认为较高，因此需要关注相关风险。反之，低于 50% 的客户集中度则通常视为不过度依赖于大客户，相关风险较小。

许多分析者可能认为高客户集中度意味着一旦大客户停止合作，公司业绩将受到严重影响。但从集中度分析角度看，还需要结合下游市场的竞争情况、公司提供的产品的技术含量等维度进行综合判断。如果下游客户只有几家，那公司客户集中度就较高。

因此，在进行客户集中度分析时，不能仅仅依赖于 50% 这一绝对数值来做出判断。深入分析时需要综合考虑多个维度，以全面评估客户集中度所带来的风险和机遇。

1. 两个维度分类

客户集中度分析矩阵考虑了下游客户数量和产品技术含量两个维度，共划分为四种情况，如图 4-7 所示。对下游客户数量和产品技术含量两个维度的判断没有标准答案，本小节中介绍的方法仅是经验总结，分析者可以根据不同的行业界定不同的判断标准。

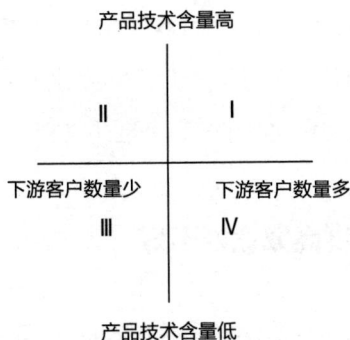

图 4-7　客户集中度分析矩阵

（1）下游客户数量

下游客户数量维度关注的是公司产品面对的客户群体规模。如果公司的产品只有极少数的潜在购买者，如全国仅有大约 10 家大客户，则可以认为下游客户数量较少；相反，则下游客户数量被认为是较多的。客户数量的多寡直接影响了公司对单一或少数客户的依赖程度。下游客户数量的判断依据可以以行业集中度指标作为参考。行业集中度以行业内规模最大的前 n 家公司的销售额或者产量占整个行业的份额来表示。 例如，CR4 是指 4 家最大的公司占有的行业市场份额。同样，5 家公司的集中度（CR5）、8 家公司的集中度（CR8）均可以计算出来。若 CR8 超过 70%，则表示行业集中度高，公司极有可能存在大客户依赖。

（2）产品技术含量

产品技术含量很难通过某一量化指标衡量，在实际分析过程中可以通过研发费用率进行判断。如果一家公司的研发费用率低于 3%，则其产品技术含量可能不高；相反，如果研发费用率大于等于 3%，则通常表明公司产品具备一定的技术含量。

2. 具体象限解读

结合以上两个维度，可以将客户集中度问题细分为四种情况。

象限一：公司产品技术含量高，下游客户数量多。

在下游客户数量多且公司产品技术含量高的情况下，通常表明公司与下游客户之间存在深度绑定关系。一般公司会根据客户的要求进行新产品研发工作，保证公司提供的产品与客户的需求相匹配。一旦新产品量产，公司将成为这些关键零部件的首选供应商。在这种情况下，除非公司在生产或研发过程中出现严重问题，导致下游客户遭受重大损失，否则客户通常不会轻易更换供应商，因为客户无法承担更换供应商带来的风险。

另外，下游客户的数量需要结合行业发展成熟度来判定其对公司的影响。如果下游行业已进入成熟阶段，对公司而言可能并非利好。由于公司与特定客户的深度绑定，同样竞争对手也与其客户处于深度绑定的状态，短期内蚕食竞争对手的市场份额可能较难实现。在这种情况下，公司的发展与下游行业景气度密切相关。除了对目标公司进行分析之外，还需要对下游市场和竞争对手情况进行深入分析。

反之，如果下游行业仍处于快速发展阶段，这对公司来说通常是利好。公司可能已经与行业内的某个大客户形成了深度绑定关系，行业头部的合作经历为其进一步绑定其他客户提供机会，从而大幅增强其未来的收入增长潜力。因此，在这种情况下，公司的成长性和市场潜力与其在下游行业中的位置和行业的整体增长趋势密切相关。

象限二：公司产品技术含量高，下游客户数量少。

尽管公司产品的高技术含量意味着其不容易被替代或更换，但由于下游客户数量少，公司面临的是一个相对有限的市场空间。这种情况下，公司能蚕食的竞争对手的市场份额可能非常有限，甚至需要投入大量时间和资源才能取得微小的市场份额增长。

在象限二中，公司的业绩与下游行业的景气度紧密相关。这种深度绑定意味着：如果下游行业表现良好，公司业绩可能会随之增长；相反，如果下游行业衰退，公司的业绩也可能受到负面影响。由于市场机会有限，公司的增长潜力在很大程度上取决于下游行业的整体表现。

为了摆脱这种局限性，公司可能需要考虑推出针对不同下游行业的新产品，以此扩大市场范围和夯实客户基础。通过开发新的市场和应用领域，公司可以改变现有的估值逻辑，为未来的增长开辟新的途径。这种策略需要公司在产品创新和市场开拓方面投入更多的努力和资源，以实现突破。

象限三：公司产品技术含量低，下游客户数量少。

在公司产品技术含量低且下游客户数量少的情况下，公司仍能实现对大客户的依赖，这表明公司可能拥有除技术以外的其他核心竞争力。这种情况下，产品或服务的可替代性较高，市场需求也相对有限，因此公司的竞争优势可能来源于非技术因素。

分析者在此情况下的关键任务是识别公司的非技术竞争优势。这些优势可能包括但不限于以下内容。

①成本优势：公司可能拥有成本优势，例如公司具备规模经济、有效的供应链管理或低成本获取原材料的优势。

②品牌效应：即使公司产品技术含量不高，品牌识别度高和客户忠诚度高也能成为公司的竞争优势。

③客户关系：深入的客户关系和出色的客户服务可以成为竞争优势，特别是在客户数量有限的市场中。

④市场渗透：公司可能已经在特定市场或地区拥有牢固的市场地位，难以被新进入者轻易撼动。

⑤运营效率：高效的运营管理和流程可能使公司在竞争中占有优势。

在分析这些竞争优势时，重要的是要评估它们的持续性和未来的可持续发展能力。分析者需要考虑这些优势是否能在长期内维持，以及在市场环境变化时是否仍然有效。此外，分析者还需要考虑公司是否能应对未来市场的变化，适应新的竞争格局，从而降低被竞争对手替代的可能性。象限三中的公司的客户集中度最高，风险最高，稍有不慎就可能会被替代。

象限四：公司产品技术含量低，下游客户数量多。

在公司产品技术含量低且下游客户数量多的情况下，尽管公司可能较容易抢夺竞争对手的客户，但如果要长期保持高客户集中度，该象限中的公司可能存在一些问题。特别是在公司运营多年仍未能显著增加客户数量的情况下，分析者需要认真分析以下问题。

①新客户开发失败的原因。

分析公司在过去几年中为何未能成功吸引新客户。这可能是市场策略、销售团队效率、产品竞争力、市场定位或者品牌影响力等方面的问题。

②改进新客户开发的方式。

确定公司在新客户开发方面可以采取哪些具体措施来改善现状。这可能包括改善产品或服务、调整市场策略、增强销售团队的能力、提升品牌影响力等。

如果找不到确切的答案或者公司无法有效实施必要的改进措施，那么其未来的经营风险可能较高。在产品技术含量不是公司优势的情况下，开发新客户和增加市场份额变得尤为重要。没有持续增长的客户基础，公司可能会面临市场变化带来的风险，尤其是在竞争激烈的市场环境中。因此，对这些问题的深入分析和有效应对对公司的长期发展至关重要。

中远通公司前五大客户销售额占当期营业收入的比例高达76.45%，其中第一大客户 S 客户销售额占比超过 50.83%（如表 4-16所示），公司存在大客户依赖风险。

表 4-16　中远通公司 2023 年 1—6 月前五大客户销售额占当期营业收入的比例

金额单位：万元

客户名称	销售额	占当期营业收入的比例
S 客户	32 585.82	50.83%
Weidmuller Interface GmbH & Co.KG	9 183.97	14.32%
新华三信息技术有限公司	3 445.28	5.37%
ADVA	1 943.88	3.03%
深圳比特微电子科技有限公司	1 856.42	2.90%
合计	49 015.37	76.45%

公司招股说明书披露："公司的主要产品为通信电源、新能源电源和工控电源，主要是作为通信系统设备和服务器、新能源汽车和充电基础设施、工业自动化控制设备的关键模块和核心零部件，按照其特定需求进行电能转换并稳定供电，是相关设备的核心组成部分。"

由此可见公司产品主要面向通信行业、新能源行业和一般生产制造业。根据公司招股说明书披露的信息，其中面向通信行业的销售额占比达到 72.97%，目前公司前五大客户也均与该行业相关。

公司招股说明书披露："公司的通信电源产品主要面向全球通信设备厂商销售。通信设备是构筑全球互联互通的数字化社会的基础设施，是全球竞相发展的高技术产业。通信设备厂商通过持续的科技创新研发投入，在不断地推动通信技术迭代发展的同时，也形成了高度集中的市场竞争格局。根据 Dell'Oro Group（戴尔德罗洛集团）统计，华为、爱立信、诺基亚、中兴、思科、三星和 Ciena 是全球通信设备市场的主要提供商，按销售额计算占据全球整体通信设备市场份额逾 80%（包括宽带接入、微波和光传输、移动核心网和无线接入网、SP 路由器和运营商级交换机）。"

基于上述描述，中远通公司通信电源产品符合象限二模式，产品技术含量高（2022 年研发费用率 7.1%）、下游客户数量少的特点。因此，对于公司未来的增长潜力需重点分析下游行业的发展情况。

但是非常可惜，作为公司第一大客户的 S 客户，中远通公司在招股说明书中做了脱敏处理，使用了公司代号。公司业绩在于通信电源，通信电源业绩在于 S 客户，但是投资者连 S 客户具体的信息都无法了解，从何判断公司未来的增长潜力呢？

4.5.2　容易让人忽略的细节：前五大客户营业收入波动

当公司整体营业收入增长了 10% 时，理论上公司前五大客户的营业收入增速应与公司整体营业收入的增速相匹配，甚至在一些竞争激烈的下游行业中，前五大客户的营业收入波动可能会超过公司整体的营业收入波动。

在进行前五大客户营业收入波动分析时，主要目标是与公司整体营业收入波动进行对比，以判断公司营业收入波动的核心驱动因素。同样将前五大客户营业收入增长情况与公司整体营业收入增长情况组合分为四个象限，如图 4-8 所示。

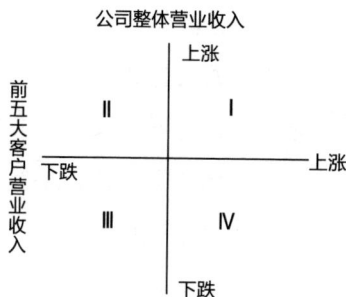

公司整体营业收入

上涨

前五大客户营业收入

Ⅱ   Ⅰ

下跌ーーーーーー上涨

Ⅲ   Ⅳ

下跌

图4-8 前五大客户营业收入与公司整体营业收入分类

象限一：公司整体营业收入上涨、前五大客户营业收入上涨。

这表明市场状况良好，且公司与其主要客户均受益于这种增长情况。若通过量价分析发现营业收入核心驱动因素主要是销量，则是公司未来发展前景良好的迹象。

象限二：公司整体营业收入上涨、前五大客户营业收入下跌。

这种情况表明公司营业收入的增长主要来自中小客户的拓展。然而，前五大客户营业收入的下降可能是一个警示信号，表明可能存在下游市场结构的变动或竞争加剧。需要深入分析原因，比如市场份额被竞争对手蚕食或大客户转向其他供应商。

象限三：公司整体营业收入下跌、前五大客户营业收入下跌。

这通常说明整个下游市场处于萎缩阶段，公司及其主要客户均受到影响。相关分析思路同象限一。

象限四：公司整体营业收入下跌、前五大客户营业收入上涨。

这种情况可能表明行业正在经历整合，小型公司逐渐被市场淘汰，行业集中度提高。公司的主要客户可能正在提升市场占有率，但下游市场可能整体处于萎缩阶段。

当年报中披露前五大客户的具体名称时，可以对单一客户的营业收入波动进行更深入的分析。尤其需要关注某一大客户突然出现或消失于前五大客户名单中的情况，这可能表明公司与该客户的业务关系发生了重大变化，或者市场格局发生了重要调整。这种分析对评估公司的业务稳定性和未来增长潜力非常关键。

案例4-4 **恒顺醋业前五大客户销售收入变动**

恒顺醋业2019年和2020年第一大客户销售收入呈现上涨的状态并且销售规模上亿元（如表4-17所示），已经属于较大规模的客户。第一大客户2021年销售收入暴跌4 000多万元，但是第二至第五大客户的销售收入却未有较大变动，基本上可以排除外部市场环境变化导致公司业绩发生较大变化。

表4-17 恒顺醋业前五大客户销售收入

单位：万元

客户名称	2019年	2020年	2021年	2022年
第一名	10 697.00	11 813.54	6 928.12	8 229.64
第二名	6 487.33	5 173.35	4 644.32	5 126.39
第三名	3 361.74	4 324.80	2 759.67	3 017.14
第四名	2 345.44	3 065.21	2 747.27	2 280.79
第五名	2 532.12	1 915.61	2 269.77	2 235.87
合计	25 423.63	26 292.51	19 349.15	20 889.83

公司主要产品醋量价拆分结果显示，2021年公司销量下降1.26%（如表4-18所示），第一大客户销售收入下跌幅度远超过公司整体下跌幅度。基于上述信息可以推断公司第一大客户2020年的销售收入存在异常，但是异常原因不明确。

表 4-18　恒顺醋业产品醋量价拆分

项目	2020 年		2021 年	
	数值	变动率	数值	变动率
销售收入（元）	1 342 476 836.24	8.92%	1 210 902 079.44	-9.80%
销量（万吨）	177 750.88	11.19%	175 515.20	-1.26%
平均价格（元 / 万吨）	7 552.57	-2.04%	6 899.13	-8.65%

4.6　通过分析销售费用支出验证营业收入

不同于管理费用和研发费用，发生的每一笔销售费用理应都是为了实现更高的销售收入。销售费用与销售收入之间有着强关联，因此将销售费用分析纳入本章讨论范围。

B2B 企业的销售费用率通常约为 2%，B2B 企业下游客户数量较少，不需要额外进行品牌或者市场推广，销售费用中仅包括少许销售人员的工资、差旅费等。因此分析者无须对此类企业的销售费用率进行深入分析。

当一家企业销售费用率高于 3% 时，分析者需要对销售费用的明细科目进行详细分析。销售费用率高于 3% 的企业主要包括两大类：第一大类为 B2C 企业，第二大类是一些特殊的 B2B 企业。

不同企业对销售费用的二级科目的设置各不相同，加之各企业对销售费用的投入和预算控制政策的差异，导致不同企业间的销售费用缺乏可比性，仅能在时间维度上进行趋势分析。

销售费用二级科目较多，分析时需要将有限的时间投入至重要的科目中。在进行销售费用分析时应通过两个标准来筛选待进一步分析的二级科目。标准一是占整体销售费用前80%的二级科目，标准二是相较于去年波动超过20%的二级科目。

销售费用明细分析无法直接形成判断性的分析结论，其主要作用是通过销售费用明细分析进一步识别企业在销售过程中需要投入的资源，判断企业在日常销售过程中的竞争因素。例如经过分析发现企业销售人员工资较高，这可能说明企业销售比较依赖于销售人员的个人能力，企业产品竞争力不强；销售过程中业务招待费较高，说明企业所处行业比较关注业务关系维护，产品技术壁垒较低，企业的被替代风险较高，等等。销售费用二级科目分析内容如下。

1. 职工薪酬

销售费用率较高的企业中，职工薪酬一般占比较大。根据销售费用的定义，有的分析者可能认为销售费用中的职工薪酬指的是企业销售人员的薪酬。销售费用中的职工薪酬在不同的企业涵盖的范围不一致，其不仅仅指的是销售人员的薪酬，可能还会包括企业技术部门和研发部门人员的薪酬。销售费用指的是企业在销售过程中发生的各项费用，根据会计准则的要求，只要该员工参与了销售过程，无论其归属什么部门，均应将其部分薪酬计入销售费用。

一般在企业中将签订销售合同前的阶段称为售前阶段，售前阶段包括销售人员建立与潜在客户的联系，介绍企业产品，报价并完成签约的一系列流程。但是有的企业的产品或者服务方案技术含量较高，销售人员无法独立完成产品介绍或者定制化方案制定等技术性工作。此时销售部门需要申请技术部门或者研发部门参与销售过程，根据技术部门或者研发部门参与销售过程中的工作量统计，将相关人员工资分别计入销售费用和研发费用。产品定制化程度较高或者产品技术含量较高的企业的销售费用中会包含研发人员工资。

分析者可以将销售费用中的职工薪酬除以企业披露的销售人员数量计算人均职工薪酬。虽然人均职工薪酬无法直接说明职工薪酬支出的合理性，但是可以通过和行业平均值进行比较以判断企业销售人员的薪酬水平。

此外，可以将人均销售收入和人均职工薪酬的变动趋势进行组合分析。人均销售收入 = 企业整体销售收入 / 企业销售人员数量。若人均销售收入和人均职工薪酬呈现正相关关系，则说明销售人员对企业销售存在一定的推动作用，销售收入对销售人员存在一定的依赖性。若人均销售收入和人均职工薪酬呈现负相关或者不具备相关性，则说明销售人员更多的是起到销售助理的作用，对企业销售收入增长帮助不大，这说明企业实现销售的过程中还有别的因素促使客户下达订单。

2. 业务招待费

销售费用中的业务招待费主要指的是企业在销售过程中发生的客户宴请等相关支出。从财务报表角度，业务招待费越低说明企业在销售过程中比较强势或者产品技术含量较高，销售过程中无须过多地靠关系维护获得销售订单。衡量业务招待费高低的指标通常为人均业务招待费金额。人均业务招待费金额等于销售费用中业务招待费总额除以销售人员数量。若人均业务招待费金额较高，表明企业在销售过程中投入大量资金用于客户关系维护，人均业务招待费的增加可能表明企业所处行业竞争加剧，获取订单的难度上升。根据过往的分析经验，人均业务招待费超过一万元则属于偏高的状态。

3. 差旅费

差旅费主要指的是在销售过程中发生的与机票或者酒店等相关的费用。差旅费是一家企业经营过程中必然会发生的费用，且由于不同企业的差旅政策、出差频率等不同，差旅费差异较大。在进行财务报表分析时不需要过多关注差旅费。

4. 折旧与摊销

有的企业的销售费用中折旧与摊销的比例较高，主要是由于企业在销售过程中将部分设备免费提供给客户使用，从而保证客户可以购买与该设备相配套的试剂或者材料以实现销售收入。由于此类设备主要是为销售服务的，因此其折旧金额应当计入销售费用。

第 5 章

了解公司是怎么花钱的：
成本费用分析

销售收入分析有助于分析公司未来的成长性，除了成长性之外，利润表分析中另一重要的分析为盈利性分析。第 5 章和第 6 章将分别关注盈利性的核心指标——各项成本费用率及毛利率。成本费用分析主要包括以下内容。

生产成本分析：该分析重点关注生产成本在总成本中的占比、成本控制的有效性，以及成本结构的变化情况。这对制造业公司尤为关键，因为生产成本直接影响毛利率和整体盈利能力。

研发费用分析：研发费用是公司为创新及开发新产品或服务所投入的费用，该分析将探讨研发投入对公司长期盈利能力和市场竞争力的影响。

管理费用分析：管理费用包括日常运营中的行政和管理支出，该分析将评估管理费用的合理性和控制状况，以及其对公司总体盈利状况的影响。

除上述三项主要成本费用外，还需关注财务报表中的其他重要项目，如"资产减值损失""公允价值变动收益""其他收益"等非经常性损益项目。

5.1 想做好成本费用分析，这些数据少不了

在分析上市公司年报以进行成本费用分析之前，需要收集和处理

相关数据，为深入分析做好充分准备。根据不同的分析模块，需从年报中搜集以下类型的数据。

①生产成本相关数据：需记录的数据包括营业成本、生产成本明细、生产量、前五大供应商相关信息等。

②研发费用相关数据：需记录的数据包括研发投入总额、研发费用明细、研发人员的数量等。

③管理费用相关数据：需记录的数据包括管理费用明细、管理人员的数量等。

通过搜集和分析这些数据，分析者可以更全面地了解公司的成本费用结构和管理情况，为深入进行财务报表分析提供坚实的基础。

5.1.1 如何准备生产成本分析数据

由于不同板块上市公司年报披露格式不一致，以上海证券交易所年报披露格式为例，需要按照以下步骤在 Excel 中记录。

第一步，记录产品维度营业成本信息。

一般与营业收入信息相对应，可参见表 4-1 ~ 表 4-4。

第二步，记录生产成本明细信息。

由于公司所在行业的差异和披露要求的不同，各公司对生产成本的披露标准不一致。这种差异对分析范围和准确性有显著影响。

披露较为详细的公司通常会针对每种产品按照直接材料、直接人工和制造费用等项目进行详细披露。这种详尽的信息有助于更准确地评估成本结构和成本控制效果。

然而，有些公司可能仅按产品类别列出生产成本，而不提供更详细的成本分解。这种情况下的披露信息较少，可能会限制分析者对公司成本管理效率和成本构成的深入分析。

生产成本分析如表 5-1 所示。

表 5-1　生产成本分析示例

金额单位：元

项目	2023 年		2022 年		
	金额	结构占比	金额	结构占比	同比
主营业务成本 - 直接材料	1 086 754 296.50	73.26%	769 558 235.43	70.77%	41.22%
主营业务成本 - 制造费用	192 976 269.24	13.01%	130 159 857.47	11.97%	48.26%
主营业务成本 - 直接人工	91 641 203.99	6.18%	71 589 084.19	6.58%	28.01%
主营业务成本 - 运输费	53 279 594.32	3.59%	38 577 886.92	3.55%	38.11%
主营业务成本 - 外购产品	51 253 550.09	3.45%	70 413 004.75	6.48%	-27.21%
其他业务成本	7 604 252.68	0.51%	7 089 190.16	0.65%	7.27%

第三步，记录生产量信息。

在生产成本分析中，生产量数据的准确性和完整性至关重要，因为它直接影响财务报表分析的充分性。在数据收集过程中，需特别关注产销量情况分析表中的主要产品划分是否与生产成本分析表中的产品划分相对应。实际披露的财务信息中可能遇到的几种情形及其对分析的影响如下。

（1）完全对应情形

生产成本分析表和产销量情况分析表均涵盖相同的产品（例如产品 A、产品 B 和产品 C），数据间的对应关系明确，使得进行详尽的分析成为可能。

（2）部分对应情形

如果生产成本分析表包含产品 A、产品 B 和产品 C 的完整数据，而产销量情况分析表仅涉及部分产品，分析者将能对部分产品的有关数据进行详细的分析。

（3）不对应情形

生产成本分析表中可能显示产品 A、产品 B 和产品 C，而产销量情况分析表中仅显示产品 D。这表明产品 A、产品 B 和产品 C 可能是产品 D 的子集，由于信息披露的维度不一致，可能导致无法进行全面的财务报表分析。在这种情况下，建议放弃对生产成本的深入分析，或寻求其他方式获取更完整的数据。

（4）信息缺失情形

若生产成本分析表或产销量情况分析表中信息不全，将限制分析者对公司成本结构进行深入理解。可能需要以行业平均数据作为参考，或转而关注其他可用的财务指标。

这些不同的情形强调了在财务报表分析过程中遇到的数据对应和完整性问题，突出了根据可用信息灵活调整分析方法的重要性。

第四步，记录前五大供应商信息。

公司前五大供应商信息如表 5-2 所示。

表 5-2　前五大供应商信息示例

金额单位：元

序号	供应商名称	采购额	占年度采购总额比例
1	供应商一	946 365 369.72	32.61%
2	供应商二	706 275 920.24	24.34%

序号	供应商名称	采购额	占年度采购总额比例
3	供应商三	258 065 431.72	8.89%
4	供应商四	243 516 995.88	8.39%
5	供应商五	141 787 166.80	4.89%

第五步，记录其他相关信息。

有的上市公司会披露原材料平均采购价格及其波动情况（如表 5-3 所示），此项披露对成本分析帮助较大。

表 5-3　原材料平均采购价格信息披露示例

金额单位：元

序号	主要原材料	2021 年平均采购价格	2020 年平均采购价格	增减幅度
1	耳片	60.82	47.74	27.40%
2	牛肉	54.70	43.51	25.72%

5.1.2　如何准备研发费用分析数据

相较于准备生产成本分析数据，研发费用分析需要准备的数据较少，主要包括研发投入和研发费用明细等。

第一步，准备研发投入相关数据。

一般在年报中有专门的章节对研发投入进行说明，可能包括的信息有主要研发项目（如表 5-4 所示），以及研发投入情况（如表 5-5 所示）。

表 5-4　主要研发项目示例

研发项目名称	项目目的	项目进展	拟达到的目标	预计对公司未来发展的影响
项目一	降低充电线成本	进行中	取得第三方认证	降低成本，提高竞争力

研发项目名称	项目目的	项目进展	拟达到的目标	预计对公司未来发展的影响
项目二	新项目开发	进行中	取得 UL 认证及客户认可	开展公司新产品业务
项目三	新项目开发	进行中	取得客户认可	开展公司新产品业务
项目四	按照客户需求进行开发	进行中	取得客户认可	拓宽公司业务

表 5-5　研发投入情况示例

金额单位：元

项目	数值
本期费用化研发投入	37 880 133.16
本期资本化研发投入	0
研发投入合计	37 880 133.16
研发投入总额占营业收入的比例	0.57%
研发投入资本化的比重	0%

第二步，准备研发费用明细。

在财务报表附注中可以找到研发费用明细，如表 5-6 所示。

表 5-6　研发费用明细示例

单位：元

项目	本期发生额	上期发生额
职工薪酬	32 481 698.66	33 446 153.76
咨询服务费	2 566 367.20	
材料费	709 626.77	1 153 842.23
差旅费	695 425.33	1 098 677.44
试验试制费	680 048.63	38 010.94
折旧费	516 286.07	541 471.24
办公费	46 813.76	1 047 665.55
其他	183 866.74	206 607.76

在进行财务报表分析之前，重要的是要区分研发投入和研发费用这两个概念。假设一家公司对研发活动的投入为 100 万元，会计处理时有两种选择。

费用化：将 100 万元的研发投入计入当期费用，这将直接影响当期利润。在会计理论中，这种处理方式被称为费用化。

资本化：将研发投入记入"研发支出——资本化支出"科目，这样做不会影响当期利润。在会计理论中，这种处理方式被称为资本化。

本书并非会计学专业用书，因此，作为外部财务报表分析者，无须深入掌握费用化和资本化的复杂定义及区分条件，只需在进行财务报表分析时，关注研发投入和研发费用的金额，以及它们对公司财务状况的影响。这种关注有助于分析者更好地理解公司的研发强度和财务健康状况。

5.1.3　如何准备管理费用分析数据

管理费用分析数据准备工作较为简单，仅需在财务报表附注中找到管理费用明细即可，如表 5-7 所示。

表 5-7　管理费用明细

单位：元

项目	本期发生额	上期发生额
职工薪酬	247 204 853.33	209 656 456.10
股份支付费用	94 131 136.40	27 114 176.80
咨询服务费	56 533 369.43	69 070 320.25
使用权资产折旧	17 435 174.16	15 781 809.14
招待费	14 624 206.44	17 138 279.98
修理费	14 503 902.33	14 331 666.13

项目	本期发生额	上期发生额
无形资产摊销	12 498 687.86	11 466 626.87
折旧费	8 911 152.29	9 079 570.86

由于管理费用分析中对职工薪酬的分析较为重要，分析者还需要记录管理人员的数量。一般在年报中披露的人员信息包括生产人员、销售人员、技术人员、财务人员和行政人员。不同的员工类型的职工薪酬支出对应不同的会计科目，生产人员职工薪酬支出对应生产成本、销售人员职工薪酬支出对应销售费用、技术人员职工薪酬支出对应研发费用，财务人员和行政人员职工薪酬支出对应管理费用。因此需要将财务人员和行政人员的员工人数相加计算管理人员数量。公司员工人数明细如表 5-8 所示。

表 5-8　公司员工人数明细

单位：人

母子公司员工构成	
构成类别	数量
母公司在职员工的数量	360
主要子公司在职员工的数量	4 498
在职员工的数量合计	4 858
母公司及主要子公司需承担费用的离退休职工人数	13
专业构成	
专业构成类别	数量
生产人员	2 020
销售人员	607
技术人员	447
财务人员	178
行政人员	1 606
合计	4 858

受教育程度	
受教育程度类别	数量
本科及以上	1 313
大专	1 624
高中及以下	1 921
合计	4 858

5.2 料、工、费一个都不能少：生产成本分析

生产成本分析是本章的重点内容，生产成本分析过程中将主要应用层次分析法对生产成本进行层层拆解。通过识别生产成本波动的原因，分析者可分析判断公司未来的盈利情况。

5.2.1 生产成本的结构性分析

以制造业为例，分析生产成本的结构通常涉及三大类成本：直接材料、直接人工和制造费用，重点分析各成本类别在总生产成本中的占比，并依据占比特点判断公司的生产模式。

需要注意的是，由于不同行业的经营特性各异，某些业务的生产成本可能较低，例如软件销售，几乎不涉及重大的直接生产成本。同时，部分行业的生产成本构成可能并非以直接材料、直接人工和制造费用作为主要核算维度。然而，生产资源的投入无非有形资源、人力资源和某些长期资产的折旧摊销。因此，即便会计科目名称有所不

同，仍可以应用相似的分析方法来评估生产结构。

根据友发集团披露的 2021 年年报，焊接钢管的生产成本中直接材料占比达 95.98%，直接人工和制造费用占比相对较小，如表 5-9 所示。

表 5-9　友发集团生产成本的结构性分析

金额单位：元

产品	生产成本项目	金额	比例
焊接钢管	直接材料	58 810 584 065.29	95.98%
	直接人工	1 258 516 242.15	2.05%
	制造费用	1 088 820 336.99	1.78%
	其他	117 966 739.26	0.19%
	小计	61 275 887 383.69	100%

生产成本结构性分析的目的主要是帮助分析者了解公司生产成本的驱动因素，判断公司生产模式和所处行业特点。在进行制造业生产成本分析时，其直接材料的占比主要存在以下几种情况。

1. 直接材料占比超过 90%

对于直接材料占比超过 90% 的公司，其生产过程主要是原材料的物理加工。例如，友发集团在生产焊接钢管时，主要将钢板材料转变为管材。在设备生产过程中，直接材料占比也会超过 90%。直接材料占比较大时，一般认为该公司的生产经营有以下特点。

①不存在规模效应。规模效应指的是生产过程中的固定成本随着产量的增长而使单个产品分摊的固定成本减少从而降低产品生产成本。直接材料占比超过 90% 意味着公司生产产品的绝大部分成本属于变动成本，固定成本比例较小，无法通过增加产量而降低产品成本。

②受原材料价格波动影响较大。由于生产成本中大部分是原材料成本，所以原材料价格波动将会导致生产成本的大幅度波动，进而影响公司毛利率。

③生产难度与毛利率正相关。公司产品生产难度越高将使产品毛利率越高。例如友发集团生产钢管的过程仅仅是通过机器设备对钢板进行物理加工，生产过程技术含量较低，因此公司产品毛利率较低，一般低于 10%。相反，一些高端复杂装备生产公司的主要原材料也是钢板，但是在生产过程中涵盖设计、生产、装配等一系列复杂生产工艺，因此其产品毛利率较高，可能为 40% 以上。

2. 直接材料占比为 65% ~ 90%

大多数生产制造公司的直接材料占比为 65% ~ 90%。对这类公司而言，仅依据直接材料占比难以确定公司的生产模式，需结合直接人工和制造费用的占比进行综合分析。

①直接人工占比较大。直接人工占比较大的公司一般属于劳动密集型行业，除了原材料投入之外还需要大量的工人进行加工处理。此类公司生产的产品的毛利率一般不高，约为 20%。直接人工占比较大的公司可能在规模扩张时面临挑战，如管理难度增加，保证员工生产效率和质量成为其发展瓶颈。

②制造费用占比较大。由于制造费用中主要的成本来源于水电能源和厂房设备的折旧。公司生产成本之中制造费用占比较大一般说明公司生产相关固定资产投入较大，属于重资产公司。固定成本占比较大意味着随着公司产量的提升，公司将获得规模优势，从而降低产品生产成本。

3. 直接材料占比小于 65%

这种情况较为少见，有这种情况的公司通常属于高附加值、生产技术含量高的公司，制造费用占比较大，直接人工占比较小甚至为零。这种情况下公司产品毛利率通常较高，为 30% ~ 40%。

通过分析直接材料、直接人工和制造费用的占比，分析者可以对公司的生产状况、所处行业的特点以及经营特性进行初步判断。除了直接材料、直接人工和制造费用三大核心成本要素，分析时还可能需要考虑其他成本要素。如外包成本。对于那些将部分生产工序外包给加工商的公司，分析者需要了解外包工序的具体内容和外包的原因。这有助于更全面地了解公司的生产策略和成本结构。

为了协助分析者更深入地理解不同行业的生产成本结构，本小节提供了一些代表性行业主要公司的生产成本结构数据，如表 5-10 所示。这些信息有助于分析者快速把握各行业公司的基本生产情况，为深入分析打下坚实基础。

表 5-10　公司生产结构（数据来源于 2021 年年报）

公司名称	产品	直接材料	直接人工	制造费用
贵州茅台	酒	56.32%	31.22%	6.67%
江淮汽车	乘用车	90.06%	未披露	未披露
宁德时代	电池	87.93%	未披露	未披露
三一重工	工程机械	88.46%	4.58%	1.60%
三安光电	集成电路芯片	69.48%	0%	30.52%
长春高新	生物制药及中成药	37.73%	9.50%	43.32%

分析者在后续的分析过程中可以不断积累经验，构建自己的分析框架。了解公司生产成本结构有助于分析者识别公司生产模式、成本

特点、毛利率特点等，并提出相关分析结论。

5.2.2 生产成本的结构性同比分析

生产成本的结构性分析能帮助分析者快速了解被分析公司的相关信息，而生产成本的结构性同比分析主要能帮助分析者识别生产成本中的异常波动，确定异常波动对公司生产经营的影响。

一家在正常经营的公司，其生产成本结构相对于前一年度一般不会发生显著变化。这是因为一旦生产工艺成熟并进入量产阶段，直接材料、直接人工和制造费用的分摊就会相对稳定。因此在同比分析中，主要关注的是这三项成本结构的异常波动，通常认为波动超过 2% 是需要分析者进一步分析的。

（1）直接材料波动

直接材料等于材料消耗量乘以材料单价。生产制造公司在产品量产前会制定该产品的材料表（Bill Of Material，BOM），明确列示该产品生产制造过程中需要使用的原材料种类和数量。后续生产过程中，生产车间需严格按照 BOM 进行领料生产。在生产合格率稳定的情况下，除非工艺发生重大变化，材料消耗量不会发生显著波动。因此，直接材料波动的主要原因可能是原材料价格的波动。

（2）直接人工波动

直接人工由生产工人的平均薪酬乘以工人数量计算得出。生产工人的平均薪酬在短期内发生显著波动的可能性较小，而在长期（例如超过五年）分析中，则需要关注薪酬的波动。工人数量受生产流程、工艺和设备自动化程度的影响，短期内不太可能发生显著波动。

（3）制造费用波动

制造费用波动通常是由新建生产线或设备投入使用导致，因为相关的折旧费用在会计上计入制造费用。新产线在投入使用初期可能由于生产量较低而导致制造费用占比短期增加。未来随着产量增加，公司将获得规模效应，使制造费用占比减小。

生产成本结构的显著波动通常是偶发异常情况的反映，表明公司的基本情况可能发生了较大变化。分析者需要特别关注这类变化，并评估它们可能对公司正常经营的影响。

恒顺醋业 2019—2022 年生产成本结构波动较大，直接材料占比从 2019 年的 74.80% 下降至 2022 年的 66.41%，如表 5-11 所示。

表 5-11　恒顺醋业生产成本结构

产品名称	成本项目	2019 年	2020 年	2021 年	2022 年
醋	直接材料	74.80%	70.21%	69.92%	66.41%
	直接人工	9.27%	8.67%	7.80%	9.11%
	制造费用	15.93%	14.71%	14.31%	16.55%
	运费	—	6.41%	7.97%	7.93%

直接材料占比波动的主要原因是原材料价格波动，但是经查询，恒顺醋业的原材料价格在 2019—2022 年并未下降甚至还出现了上涨。排除原材料价格波动影响后，认为公司可能对使用的原材料或者生产工艺进行了重大调整。由于原材料或者生产工艺变化将直接导致醋的口味发生变化，分析者应在分析生产成本结构后进一步了解变化的根本原因以及是否是口味变化导致产品销量受到影响。

5.2.3 生产成本的单位成本分析

通过生产成本结构性分析，分析者能够初步了解公司的生产情况，通过单位成本分析，可以进一步了解影响成本的驱动因素，为后续预测公司成本波动和毛利率分析奠定基础。

1. 判断单位生产成本传导逻辑

首先将生产成本与生产量相除得出单位生产成本。其次根据生产成本结构结合原材料市场价格波动情况判断生产成本波动的合理性。

假设甲产品的生产成本为 100 元，直接材料占 70%，其中 A 原材料的成本占直接材料的 50%。因此，当 A 原材料的采购价格上涨 50% 时，甲产品的生产成本将上涨 17.5%。

涨价前的生产成本结构： 直接材料 70 元（其中 A 材料 35 元），直接人工和制造费用合计 30 元。

涨价后的生产成本结构： 直接材料 87.5 元（其中 A 材料 52.5 元），直接人工和制造费用合计 30 元。

2. 判断单位生产成本波动的驱动因素

在进行此类分析时，生产成本金额和生产量等数据可参考 5.1 节所述方法获取。分析的难点在于获取各项原材料占直接材料的比重和原材料价格波动情况。

①获取原材料占直接材料的比重。可以通过两种方法获得：第一，从上市公司的招股说明书中查找，因为招股说明书中的信息通常比年报更详细；第二，如果公司上市较早，招股说明书中的数据已不

适用，可以从行业研报、投资者问答获取或参考同行业公司。

②获取原材料价格波动情况。一是直接从年报中获取，部分公司会披露关键原材料的不同时间段的平均采购价格；二是对于某些大宗材料（如石油下游产品、钢铁相关材料等），可以从行业专业网站获取实时市场价格信息。

通过上述分析，分析者可以进行条件假设计算，如 A 材料上涨10% 时对应的生产成本上涨幅度，A 材料上涨 20% 时对应的生产成本上涨幅度，等等。由于材料价格上涨和生产成本上涨不是简单的线性关系，分析时应关注变化的大致区间。

3. 单位生产成本的可比性

对于某些公司，将生产成本结构进行同行业分析可能是一种有用的方法。然而，在进行此类分析之前，分析者需要确保不同公司间的数据具备可比性。主要需关注以下几个方面。

①披露口径：不同公司可能对相同类别的产品采用不同的披露口径，影响数据的可比性。例如，A 公司和 B 公司都生产产品 C，但 A 公司披露的是产品 C 的整体数据，而 B 公司则将产品 C 细分为 C1、C2 等小类别进行披露。这样的差异导致生产成本结构不具备可比性。

②生产工艺：即便不同公司生产的是同一产品，不同的生产工艺也会导致原材料消耗比例和设备选型存在差异，进而影响生产成本结构的可比性。

③生产自动化程度：同一产品的生产，即便在工艺相同的情况下，由于生产自动化程度不同，也可能导致生产成本结构存在显著差异，从而影响可比性。

鉴于这些因素，通常不建议分析者将生产成本结构与同行业公司进行直接对比。受多种因素的影响，完全符合可比性要求的公司较少。在缺乏可比性的基础上进行财务报表分析可能会误导分析者对公司整体情况的判断。

海天味业和千禾味业 2022 年的主要产品酱油的单位生产成本对比如表 5-12 所示。

表 5-12　海天味业和千禾味业主要产品单位成本对比

单位：元

产品	成本项目	海天味业	千禾味业
酱油	单位直接材料	2818.31	2067.16
	单位制造费用	293.32	247.82
	单位直接人工	71.19	94.93
	单位运费	170.06	346.48
	合计	3352.88	2756.39

同样是酱油，海天味业的单位生产成本结构和千禾味业的单位生产成本结构差异较大。单位直接材料存在差异的原因在于虽然均生产酱油，但是两家公司所使用的原材料和生产工艺均不同，导致海天味业比千禾味业每单位生产成本高。海天味业的单位制造费用较高，千禾味业的单位直接人工较高，说明了由于工艺不同，千禾的生产过程中人工参与环节更多，自动化程度偏低。海天味业的单位运费相较于千禾味业每单位低了约 50%，主要原因在于千禾味业电商渠道销量占比较大，从而导致销售过程中发生的运费较高，而海天味业重点关注线下渠道销售情况，所以两家公司单位运费差异较大。

虽然两家公司产品一致，但是由于其原材料、生产工艺、销售渠道等方面存在差异，两家公司的生产成本数据不具备可比性。

5.3 究竟是高精尖还是伪研发：研发费用分析

研发费用分析在一定程度上能反映公司在行业中的技术地位和创新能力。然而，研发费用分析的难点在于缺乏统一的分析标准，这使得从研发费用分析中得出有效结论变得困难。

①外部标准的缺乏：不同公司的研发内容和资源投入预算差异较大，这意味着即便在同一行业内，研发费用也缺乏外部可比性。

②内部标准的缺乏：由于公司的研发项目可能每年都不同，研发资源投入的预算也各不相同，因此同一公司在不同年度的研发费用也不具备可比性。

虽然在数据准备部分中提到研发投入和研发费用的定义不同，建议在财务报表分析中使用研发投入的数据，但由于研发投入通常没有详细披露各项二级科目，因此在实际分析中，研发费用仍然是主要的分析对象。如果公司的研发投入多为资本化支出，这需要在分析中适当考虑其适用性。

总的来说，虽然研发费用分析存在一定的限制，但它仍是评估公司技术实力和行业地位的重要工具。在进行此类分析时，分析者应考虑到各种因素的影响，并在可能的情况下寻找其他补充数据或信息，以获得更全面的理解。

5.3.1　研发费用结构分析

不同行业不同公司的研发投入侧重点不同，例如软件行业的研发主要是人工成本的投入；医药行业的研发人工成本和外部技术服务属于重点支出部分；生产制造行业由于主要是新产品的开发，因此会涉及材料的领用。

通过对研发费用的结构进行分析并结合公司所处行业的特点，旨在一定程度内判断研发支出的合理性，判断公司的技术研发能力。

每家公司研发费用二级科目设置不一致，一般研发费用的投入主要分为四大类：分别是人的投入，一般为职工薪酬；物的投入，一般为材料费用；设备投入，一般为折旧与摊销；外包投入，一般为技术服务费/外包服务费等。

表 5-13 主要列示了一些研发投入较大的公司的研发费用结构，根据研发费用结构可以初步判断公司的研发模式。

表 5-13　研发费用结构

公司	主要业务	职工薪酬	折旧与摊销	材料费用	外包服务费	其他	合计
宁德时代	新能源电池	39.58%	5.02%	41.03%	5.43%	8.94%	100.00%
海康威视	监控系统	82.52%	3.63%	6.75%	1.30%	5.80%	100.00%
万华化学	化学产品	36.96%	33.75%	14.49%	0.23%	14.57%	100.00%
爱旭股份	电力设备	26.69%	7.63%	57.62%	0.00%	8.06%	100.00%
吉比特	网络游戏	94.09%	0.00%	0.00%	2.63%	3.28%	100.00%
百济神州	医药	24.54%	3.66%	12.91%	47.51%	11.38%	100.00%

（1）人力集中型

研发费用中职工薪酬成本占比为 80% 以上时，研发工作主要靠员工的知识和技能驱动。一般此类公司毛利率较高，否则无法覆盖投入的研发成本。此研发模式的风险在于随着公司规模的扩张，研发人员将同步增长。员工人数众多造成管理难度增加，可能面临研发工作效率下降的风险。此外，分析者需要重点关注研发相关高层人员的履历、技术背景等，评价公司的研发能力。

（2）均衡型

均衡型研发模式指研发费用支出中人力投入、材料投入、外包投入呈现均衡的特征，各项费用投入占比相近。此类研发费用结构一般说明公司主要负责新产品的开发，在开发过程中涉及材料的领用、产品的试制等。在此模式下，分析者需要重点关注公司的研发工作是基于产品的研发还是基于客户需求的研发。一部分公司的研发是基于客户的定制需求，虽然此类投入也会计入研发费用，但是研发的先进性或者技术水平可能相较于基于产品的研发模式较低。

研发费用结构中同时还有两项异常需要分析者予以关注。一是研发费用中折旧与摊销的比重超过 5%。折旧与摊销主要指的是研发过程中使用的设备、房屋知识产权等固定资产及无形资产的折旧摊销金额。研发过程不同于量产过程，主要通过实验室的小批量试制进行，使用的研发设备和房屋等固定资产金额较小。因此分析者需要重点关注折旧与摊销占比较大的情况。二是外包服务费占比较大也需要分析者予以重点关注。外包服务费较高需要进一步判断外包的原因，若公司将部分核心技术研发予以外包，则可能说明公司的研发能力偏弱。

5.3.2 单项研发费用分析

单项研发费用分析的目的在于识别公司单项研发费用投入的合理性。进行研发费用分析时，分析者喜欢将研发费用占收入的比作为分析指标，有些分析者在分析过程中会提到公司非常注重研发工作，每年研发费用占收入的比均为 10% 以上。但是此项指标因公司的收入规模不同差异较大，一家十亿元收入规模投入 1% 研发费用的公司和千万元收入规模投入 10% 研发费用的公司，显然前者的研发费用投入的绝对金额更大。在进行研发费用分析时同时也要关注研发费用投入的绝对金额。

研发费用根据费用明细的不同所适用的分析方法也不同，下面主要介绍研发费用中职工薪酬支出、研发材料支出等的分析方法。

（1）职工薪酬支出

职工薪酬支出主要是通过结合研发人员数量对平均薪酬进行横向和同行的比较。人均职工薪酬 = 研发费用中职工薪酬总额 / 研发人员数量。研发人员平均薪酬可以与往期进行比较，判断研发人员的薪酬水平。若研发人员平均薪酬出现下降则分析者需要重点关注可能存在的下降原因。此外，还能将研发人员平均薪酬与同行相比较，若显著低于同行研发人员的平均薪酬，则公司研发人员相较于竞争对手能力偏弱，导致公司在研发方面整体竞争力偏弱。部分上市公司在进行信息披露时也会披露研发人员的学历，如果公司研发人员中本科以下学历员工占比较大，可能说明公司的研发费用投入效用较低。

（2）研发材料支出

对于产品类研发公司，每年均需要保证一定的研发材料支出，研发材料支出降低可能说明公司年度内并未有新产品开发计划。分析者需要结合公司研发项目计划和公司战略发展方向判断公司未来的增长点。

5.4 费用控制好不好，就看管理费用管得好不好

管理费用主要指的是公司在日常经营过程中支出的各项费用，包括管理人员薪酬、业务招待费、办公费等各项支出。由于不同公司规模、管理模式等存在较大差异，管理费用一般无法与同行公司进行比较。且管理费用支出仅与公司的经营业绩间接相关，通过管理费用趋势分析也无法直接判断公司未来的发展趋势。

通过对管理费用历史数据的分析，分析者可以判断管理费用占收入的比例的稳定性，为后续进行盈利预测提供参考依据。

1. 管理费用率

一般公司的管理费用率通常在6%以内，首先需要判断公司管理费用率是否在此项范围内。无论是 To B 类公司或者 To C 类公司，凡是管理费用率超过6%的，分析者均需要重点关注管理费用明细科目，识别其中占比较大的科目，判断其发生的合理性。若公司管理费用率低于6%且近几年波动幅度不大，后续进行利润预测时可以直接将前几年的平均值作为参考指标。

2. 管理费用项目

完成管理费用率整体分析之后需对重点管理费用项目进行分析，

一般公司管理费用中占比较大的包括管理人员职工薪酬、折旧与摊销、业务招待费等。除了职工薪酬之外，每一项管理费用的发生均属于独立事件，从分析技术的角度，将一项管理费用进行同期对比和同行对比不具备可比性。因此，实际分析工作中仅能对几个项目进行重点分析。

（1）职工薪酬

同研发人员平均薪酬分析方法一致，管理人员平均薪酬 = 管理费用中职工薪酬总额 / 管理人员数量。分析者主要关注管理人员平均薪酬波动的合理性，一般在公司经营过程中，管理人员的平均薪酬不会存在大幅度上涨或下降的情况。若存在较大幅度的波动，分析者需要重点关注职工薪酬的合理性。股份支付一般是公司给予员工的股权激励，由于股份支付不是每年都会发生的，所以在对具体公司进行分析时应该剔除股份支付的影响。

（2）折旧与摊销

根据会计准则的要求，管理部门使用的固定资产例如办公楼、办公计算机等的相关折旧均需要计入折旧与摊销。除了管理部门使用的固定资产之外，对部分生产制造公司的闲置生产设备的折旧也会计入管理费用。因此，有的公司由于存在较多的闲置生产设备或者厂房，导致管理费用中折旧与摊销的比例较高。分析者需要重点关注与公司生产相关的设备和厂房的闲置原因，判断是否是由于产能过剩或者投资决策失败导致重大资产损失。

（3）业务招待费

公司为了拓展业务，在销售费用中列支较多的业务招待费属于正常情况。但是公司管理人员在日常管理过程中发生的业务招待费较高则说明公司管理层对费用的控制力度较小。有的公司管理费用中的业务招待费为 1 500 多万元，甚至超过了销售费用中的业务招待费金额，这对外部投资者来说不是一个好信号。

5.5 报表中的"雷"要排除：非经常性损益项目分析

非经常性损益项目及金额示例如表 5-14 所示。

表 5-14 非经常性损益项目及金额示例

单位：元

项目	2023 年	2022 年	2021 年
非流动性资产处置损益（包括已计提资产减值准备的冲销部分）	−1 948 156.42	−5 451 657.88	−8 657 494.54
计入当期损益的政府补助（与公司正常经营业务密切相关，符合国家政策规定、按照确定的标准享有、对公司损益产生持续影响的政府补助除外）	29 758 451.35	16 869 464.47	19 281 453.44
委托他人投资或管理资产的损益	4 333 317.92	2 595 910.67	1 284 652.03
除上述各项之外的其他营业外收入和支出	−4 069 673.37	−841 911.48	−635 135.64
减：所得税影响额	4 941 186.72	2 349 316.40	1 754 997.54
少数股东权益影响额（税后）	−3 030.41	−454 122.43	−102 948.25
合计	23 135 783.17	11 276 611.81	9 621 426.00

根据证监会于 2023 年 12 月发布新修订的《公开发行证券的公司信息披露解释性公告第 1 号——非经常性损益（2023 年修订）》的相关规定，非经常性损益是指与公司正常经营业务无直接关系，以及虽

与正常经营业务相关，但由于其性质特殊和偶发性，影响报表使用人对公司经营业绩和盈利能力做出正常判断的各项交易和事项产生的损益。

文件中规定了包括非流动性资产处置损益（包括已计提资产减值准备的冲销部分），计入当期损益的政府补助（与公司正常经营业务密切相关，符合国家政策规定、按照确定的标准享有、对公司损益产生持续影响的政府补助除外）等共计二十项非经常性损益项目。所有上市公司均需要依据该文件的要求进行非经常性损益项目的披露。

非经常性损益项目会成为利润表中净利润的组成部分，在部分特殊情况下可能会对公司利润表造成非常大的影响。蹇薇、曹先启在《非经常性损益之政府补助项目的判断分析》一文中提到 2017—2022 年扣非净利润为负、净利润为正的公司约 200 家。扣非净利润为负说明公司在正常经营状态下该年实际处于亏损状态，净利润为正说明该公司当年获得了非经常性收益，从而将原本亏损的状态变为了盈利状态。

因此，分析者在进行财务报表分析时主要分两个步骤对非经常性损益项目进行分析。

步骤一：在进行财务指标初判断时关注核心指标扣非归母净利润率，如第 3 章所述，当该指标低于 90% 时，分析者需要重点关注非经常性损益项目的构成。由于非经常性损益项目随机性的特点，当发现其占比较大时，后续进行财务预测时要剔除非经常性损益项目的影响。

步骤二：判断非经常性损益项目影响利润的性质。如上文所述，2017—2022 年每年平均有约 200 家公司通过非经常性损益项目实现了由亏转盈。非经常性损益项目受人为因素影响较大，造成此类公司财务报表的可靠性较弱，分析者需要重点关注此类公司。

第 6 章

了解公司的挣钱能力：毛利率分析

在完成收入分析后，分析者对公司整体的成长性和盈利能力已经有了初判断。根据财务指标初判断结论，分析者结合营业收入增长率和毛利率波动情况就能识别销售收入增长的驱动因素。毛利率是一个计算指标，影响毛利率的仅有主营业务收入和主营业务成本两个变量。在相关营业收入分析和成本费用分析章节中对上述两个变量进行深入介绍，本章将专注于将毛利率作为一个指标单独进行讲解，至于引发毛利率变动的原因，分析者可以通过营业收入分析和成本费用分析章节中涉及的分析方法进行分析。

6.1 从不同角度静态分析毛利率

毛利率 =（主营业务收入 – 主营业务成本）/ 主营业务收入 × 100%，毛利率是一个简明而直接的指标，它是评估公司销售效率和盈利能力的重要指标，反映了公司在扣除主营业务成本后的盈利空间。一个健康的毛利率不仅意味着公司能有效控制成本，还表明其有足够的资源投入研发、营销和其他运营活动中。本节所指的毛利率一般是以产品作为分析对象。公司整体毛利率可能由于产品结构的变化而变化，此类变化对财务报表分析的影响较小。由于上市公司信息披露颗粒度不同，所以本书的分析将分产品披露中的产品视同为单一产品进行分析，但是不排除该产品实质上是多个产品的集合，此时毛利率的变化主要是内部销售结构的变化造成的，若运用本节的分析方法可能会产生错误结论。

6.1.1　从行业视角分析毛利率

毛利率作为判断公司盈利能力的重要指标，不同行业间的公司平均毛利率差异较大。图 6-1 所示是 2022 年 A 股毛利率前 15 的行业排名，其中白酒行业平均毛利率较高，达到了 68.61%；其次是生物制品行业，平均毛利率达到了 66.99%。高毛利率和低毛利率到底是什么原因造成的呢？

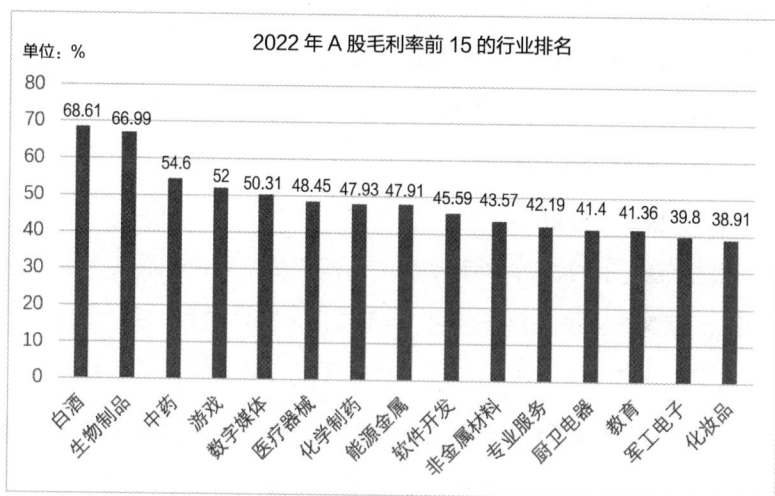

图 6-1　2022 年 A 股毛利率前 15 的行业排名

1. 高毛利的秘密

一般毛利率超过 70% 的产品属于盈利能力较强的产品，比如白酒产品，部分白酒产品毛利率超过 70%，其中贵州茅台毛利率更是超过了 90%。生物医药产品也属于典型的高毛利率产品，其中不乏毛利率超过 90% 的公司，例如荣昌生物和首药控股等。

分解影响毛利率高低的两大因素——收入和成本，形成高毛利率主要有两种模式。模式一是成本极其低。无论产品定价高低，当成本足够低时公司就能获得非常高的毛利率。假设公司产品生产成本为 0.01 元，产品售价为 1 元，该产品的毛利率高达 99%。模式二是收入极其高，假设公司生产成本为 1 元，但当公司产品售价为 100 元时，该产品的毛利率也高达 99%。

如何快速从财务指标上区分两种高毛利率模式呢？

①模式一的核心判断指标为研发费用率。研发费用率为 10% 以上时，毛利率较高的公司一般成本极其低。

②模式二的特征一般为低研发费用率、高销售费用率，或者低研发费用率、低销售费用率。

（1）模式一分析

根据市场竞争规律，毛利率较高会吸引新的竞争者进入，由于成本极低，意味着新进入者可通过"空手套白狼"的方式获得巨额利润。但是上述结果却没有实现，核心原因在于此模式下的公司拥有别的公司所不具备的独特优势，这些优势是公司投入大量的研发费用后获得的。网络游戏公司花费大量的研发费用完成游戏的研发，游戏上市之后仅需投入极少的维护服务器的成本就可以获得高额利润。医药公司花费大量的研发费用完成新药的开发，新药上市之后仅需投入极少的原材料就可以获得高额利润。

模式一下的高毛利率公司通常具有高研发费用率的特点，成本极其低并不代表公司没有支出，仅仅是因为会计核算的要求未将一部分支出计入成本。除此之外，此模式下的公司还存在两大缺陷。

第一，投入不确定性较大。

例如网络游戏公司同时投资十款游戏，每款游戏投资一亿元，最终能成功上市并且受到玩家的喜爱、为公司带来高额回报的可能就一款游戏。该款游戏投资一亿元获得了高额回报，但是不可忽视其他九款游戏带来的亏损。医药公司同样如此。

第二，生命周期较短。

仍然以网络游戏公司举例，一亿元的研发投入为公司带来了高额回报，但是可能这款游戏的生命周期仅有一年。短时期内公司利润可观，但是长期来看公司盈利能力可能并不强。这要求公司持续创新，并且能够有效管理其研发项目组合，以保持竞争力和盈利能力。

基于上述两大特点，模式一的产品拥有较高的毛利率水平，但并不意味着其经营或者估值高于一些低毛利率产品。模式一还存在一种例外，即该产品拥有的独特优势并不是靠研发费用的投入获得的，可能通过行政划拨或者特许权使用等方式获得。例如西藏矿业等公司。

（2）模式二分析

在信息爆炸的时代，一个产品的成本不再是某一个公司的商业秘密。所有客户均可以通过各种渠道了解产品成本信息。客户愿意为高溢价产品付费的原因主要是供需失衡和品牌溢价。供需失衡可能是由一只看不见的手进行控制的，也有可能是受到产能限制导致无法大规模交付。模式二下的公司的研发费用率较低，有一部分公司需要通过高销售费用率维持销售规模，另有非常小部分公司的销售费用率较低。

高毛利率意味着产品的盈利能力较强，但也可能存在成长性较弱的特点，仅有少部分产品可以长期保持高毛利率，相对应地，提供这些产品的公司的估值较高。

2. 低毛利率的困境

低毛利率通常指的是产品毛利率低于 10% 的情况。低毛利率并不意味着企业就缺乏盈利能力，关键在于企业如何通过规模经济、成本控制和市场策略等手段来实现净利润的增长。低毛利率涵盖了负毛利率，当产品的销售收入不足以涵盖销售成本时就会出现负毛利率的情况。

根据毛利率的计算公式，低毛利率与高毛利率截然相反，其产品价格较低但产品成本非常高。与高毛利率不同，高毛利率讨论了模式一和模式二两种情况。低毛利率仅存在一种模式，即销售价格较低。因为毛利率是一个相对指标，在成本确定的基础上即使成本较高，企业也可以通过提高价格提升毛利率。低毛利率说明企业无法制定较高的产品价格，否则将导致产品卖不出去，因此只能使用市场价格作为定价。

竞争导致价格压力，这种情况下企业之间为了争夺市场份额，可能会通过降低销售价格的方式来吸引顾客，从而导致毛利率降低。这种模式下的企业，尽管可能拥有一定规模的销售收入，但由于销售价格的下降，导致利润空间被压缩。这在高度竞争的市场环境中尤为常见，如一些传统低端制造业等。

（1）对低毛利率产品的财务指标分析

对低毛利率产品的财务指标分析分析者的重点在于观察其成本控制能力和市场定价策略。一方面企业需要通过提高运营效率、降低原材料成本或提升劳动生产率来提高毛利率。而另一方面企业则需要通过打造差异化品牌、进行产品创新或提升顾客服务质量等方式增强其市场定价能力，以摆脱价格竞争带来的利润压缩。

（2）对毛利率差异的讨论

可以看到，不同行业或者产品的毛利率存在显著差异。这些差异不仅反映了各行业的成本结构和定价策略，也揭示了企业如何在竞争激烈的市场环境中寻求盈利。

毛利率的差异强调了企业根据自身所在行业的特点，采取不同的经营策略和成本控制措施的重要性。对投资者和市场分析师而言，了解产品的毛利率及其相关因素，有助于评估企业的盈利模式和长期发展潜力。同时，这也提示企业需要不断优化其产品组合和市场策略，以应对行业内的竞争挑战和市场变化。

6.1.2　从产业视角分析毛利率

行业视角是将所有行业或者产品的平均毛利率进行横向比较以了解不同行业毛利率存在差异的原因。产业视角则是从纵向维度上了解上下游行业或者产品毛利率存在差异的原因。以苹果手机产业链为例，行业内称之为"果链"。果链中呈现的是面向最终用户销售的手机品牌方毛利率较高，原材料供应商以及手机组装商毛利率较低。

①原材料供应商：主要包括提供金属（如铝、铜）、稀有材料（如锂、钴）的企业。这些供应商的毛利率通常较低，因为原材料市场竞争激烈，而且价格受国际市场影响较大。毛利率可能为10%～20%。

②半导体芯片制造商：如处理器、存储芯片制造商，这些企业因技术门槛高、产品差异化明显，通常享有较高的毛利率。这些企业的毛利率一般为50%～60%甚至更高，尤其是拥有关键技术和专利的企业。

③智能手机组装商：毛利率可能为5%～10%，因为这是一个劳动密集型且竞争激烈的领域。

④智能手机品牌商：主要负责产品的设计、销售和供应链管理，其毛利率可能为40%～50%甚至更高，特别是对于高端品牌，其凭借品牌效应和市场定位能够实现较高的售价。

光伏产业链中的毛利率分布却与果链相差较大，光伏产业链中的主要参与企业包括硅料、硅片的原材料提供商，光伏电池组件的制造商，逆变器的制造商，光伏辅材的制造商。从平均毛利率来看，硅料、硅片的原材料提供商获得了行业内大部分的利润，其平均毛利率在2022年达到了43.61%，但是光伏电池组件的制造商作为整个行业的核心却只有11.45%的平均毛利率。逆变器的制造商的平均毛利率为43.61%，光伏辅材的制造商的平均毛利率为17.25%。

为什么同一产业链中获得高毛利率的企业不同呢？最重要的原因是企业生产的产品的毛利率决定了其在产业链中的毛利率。产业链仅提供了一个分析毛利率的角度，但并不意味着同一家企业同一件产品在不同的产业链中能够获得相同的毛利率。

6.1.3 从企业视角分析毛利率

不同行业的毛利率存在高低，即便在同一行业的类似企业的产品的毛利率也存在高低，主要原因包括以下几个。

第一，会计核算口径存在差异。

毛利率的计算受营业收入和营业成本两个要素的影响。尽管同行业企业的收入确认政策基本一致，营业成本的归集口径却可能因企业而异。例如，相同的支出可能在 A 企业计入营业成本，而在 B 企业则计入销售费用，导致在相同条件下 B 企业的毛利率高于 A 企业。然而，这种差异并不反映 B 企业产品相对于 A 企业产品的竞争优势，它仅仅是会计核算方法存在差异的结果。

第二，商业模式存在差异。

即使是同一行业的两家企业，不同的商业模式也可能导致毛利率存在差异。例如，养猪企业牧原股份的产业链覆盖了仔猪培育、生猪养殖和生猪屠宰。在计算毛利率时，牧原股份将这些产业链环节的利润计入企业内部，相比于仅从事肉猪养殖的企业，牧原股份的毛利率可能更高。

第三，生产模式存在差异。

同行业的企业即使生产相同产品，也可能选择不同的生产方式，如自建工厂与外包部分或全部生产工序。这种差异导致即便是生产相同产品的两家企业，其生产成本和因此产生的毛利率也会有所不同。

毛利率作为衡量企业盈利能力的关键指标，在不同的分析维度下反映了不同的信息。从行业角度看，毛利率反映了行业的整体盈利状况和市场竞争程度。产业角度则展现了不同环节企业的价值贡献和盈利能力，不同环节的企业因其独特的供需状况和议价能力而使毛利率差异显著。企业角度的分析强调了会计核算口径、商业模式和生产模式对毛利率的影响，揭示了即使在相同行业内，不同企业的经营效率和成本控制能力也会导致毛利率存在差异。这些维度的分析有助于分析者更深入了解企业和行业的财务健康状况，为投资决策提供依据。

6.2 通过四种模式动态分析毛利率

企业始终是处于变动过程中的，类似于销售收入增长率指标，根据五年的毛利率变动趋势，可以将毛利率波动形态划分为四种，包括平稳型、波动型、上涨型和下降型。

6.2.1 平稳型

平稳型指的是毛利率在一定时期内变化不大，一般毛利率的波动在 2% 左右且未呈现连续下跌或者上涨趋势的波动形态。此形态显示公司盈利能力稳定，未来进行盈利预测时可以直接使用历史毛利率。但需要特别注意的是对一些毛利率极低（毛利率低于 10%）的公司，毛利率发生 1% 的变化都应重点分析变动原因。

6.2.2 波动型

波动型主要指的是毛利率的波动超过 2% 且未呈现连续下跌或者上涨趋势的波动形态。根据波动情况可以分别进行分析，分别是上涨波动和下降波动。上涨波动具体表现为毛利率突然大幅度增长，一般表示该产品价格大幅度提升，推测公司受到市场供需的影响较大，销售收入增长率提升幅度较大。这种情况下成本突然大幅度降低的可能性较小，即使原材料价格暴跌，依据价格传导机制，产品售价也将进行相应调整，销售收入增长率提升幅度较小或者呈现下跌状态。下降波动具体表现为毛利率突然大幅度下跌，产品价格暴跌和成本上涨均有可能导致这一结果发生。价格暴跌说明外部市场供需发生较大变化，公司为了减少库存，仅能以较低的价格出售产品，销售收入增长率呈现下跌状态。成本快速上涨，说明公司产品受原材料价格波动的影响较大且该项价格波动无法向客户传递，公司在产业链中的话语权较弱，此时销售收入增长率与毛利率涨跌无直接关联。

6.2.3 上涨型

产品毛利率呈现上涨趋势在成熟的产品中是一个比较少见的情况，具体表现为收入呈现均匀上涨的趋势或者成本呈现均匀下跌的趋势。公司在进行产品定价时一般已经充分结合生产成本预留毛利率空间，一般不会随意调价，大部分情况下是因为成本上涨，为了保证毛利率而进行的调价。新产品可能由于市场接受度较低或者初期成本核算不准导致公司通过调价以增加毛利率，但是上市公司外部分析者一般无法获取该类数据，因此在分析过程中不予考虑此类情况。

6.2.4 下降型

相较于上涨型，下降型在上市公司财务报表分析中属于正常现象，主要的表现就是产品竞争力降低或者行业处于衰退阶段，产品售价逐年降低导致毛利率下降。此时分析者需要重点关注该产品及所处行业的生命周期。成本持续上涨也有可能成为毛利率下降的主要因素，但是概率较小。

案例 6-1 原材料价格波动与毛利率波动的关系

假设某产品售价 200 元，生产成本 100 元，其中直接材料占比 70%，直接材料中 A 材料占比 50%，公司毛利率为 50%。在这种成本结构下，可以通过层层传导的方式计算 A 材料采购价格波动对公司毛利率产生的影响。传导计算过程如图 6-2 所示。

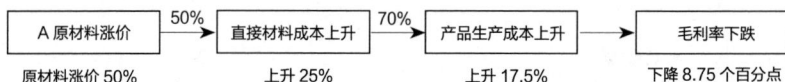

图 6-2　原材料价格波动与毛利率波动的关系

A 材料如果涨价 50%，将会直接导致该产品毛利率下降 8.75 个百分点。所以在进行分析的时候，要关注公司的成本结构。如果公司的成本结构当中有一项主要原材料的占比比较大，并且它的价格的市场波动性也比较大，那这个时候就要重点跟踪这项原材料的市场价格的波动，并且通过上述计算方式去计算价格波动对毛利率的影响。

在上述 A 材料涨价的前提下，假设公司可以向客户提价以消除原材料涨价的影响。公司决定将该产品售价上调 10%，那此时对毛利率的影响是多少？

假设售价上调 10%，产品的毛利率相较于之前的 50% 仅仅下跌 3.41 个百分点，如图 6-3 所示，而未进行调价时的毛利率波动影响是 8.75 个百分点。所以，毛利率下降 3.41 个百分点是价格和成本共同变化的结果，在分析时要分两个维度进行。

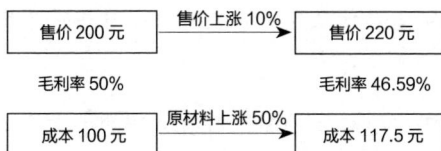

图 6-3　售价和原材料价格波动与毛利率波动的关系

案例 6-2 格力电器和美的电器的毛利率分析

众所周知，格力电器和美的电器都是生产家用电器的厂商，这两家公司属于同一行业。在分析的时候如果仅仅看两家公司的毛利率，会发现格力电器的毛利率高于美的电器的毛利率，如图 6-4 所示。

格力电器	毛利率	美的电器	毛利率
制造业	32.59%	制造业	26.63%
其他业务	3.87%	—	—
空调	34.32%	暖通空调	24.16%
其他业务	3.87%	消费电器	30.54%

图 6-4　格力电器与美的电器毛利率对比

但是格力电器和美的电器所销售的产品种类非常多，不同的产品毛利率不同，高毛利率、低毛利率、产品结构不同，只能通过加权计算形成公司的整体毛利率。公司整体毛利率由于涵盖的产品过多且具体占比结构不清，对于此毛利率指标的分析是没有意义的。

如果要进行对比分析，分析者需要将毛利率指标至少细化至产品大类进行比较。根据两家公司披露的信息，格力电器的空调毛利率达到了 34.32%，而美的电器的暖通空调毛利率却只有 24.16%，两家公司空调的毛利率差异为 10 个百分点左右。回到刚刚提到的关于毛利率对比的部分，将两家公司的相同产品的毛利率进行对比分析需要同时满足三个条件。假设格力电器和美的电器的空调均符合这三个条件，那接下来就要分析究竟是什么原因导致两家公司相同产品的毛利率差异这么大。

分别计算格力电器和美的电器每台空调的平均价格和平均成本，可以发现两家公司空调的生产成本基本相同，毛利率的差异仅仅体现在每台空调的平均单价上。格力电器的空调平均要比美的电器的空调贵约 400 元，如图 6-5 所示。基于上述事实，下一步就需要结合行业分析、产品分析等了解为什么格力电器的空调会比美的电器的空调贵约 400 元，是因为品牌优势还是技术优势。由于 2022 年度两家公司均未披露空调销售数量，因此无法进一步以 2022 年数据进行比较。

项目	格力电器	美的电器
销售收入（元）	117 881 639 913.77	121 215 043 000
销售成本（元）	77 430 333 762.13	91 925 365 000
销售数量（台）	40 310 000	48 040 000
平均单价（元）	2 934.38	2 523.21
平均成本（元）	1 920.87	1 913.52

图 6-5　格力电器与美的电器收入、成本对比

6.3　零售行业毛利率分析

一般零售行业由于销售渠道较多，不同销售渠道的定价策略、销售模式不同导致了不同销售渠道的毛利率不同。因此，对于零售行业的毛利率分析，分析者还要开展分渠道的毛利率分析，如表 6-1 所示。

表6-1 公司分渠道毛利率示例

金额单位：元

项目	直销	加盟	电商	团购	其他	合计
营业收入	767 094 186.17	814 333 608.09	1 323 406 426.28	176 364 723.84	98 083 891.68	3 179 282 836.06
营业成本	266 331 418.88	406 893 500.95	712 125 310.97	101 621 275.48	34 615 539.55	1 521 587 045.83
毛利	500 762 767.29	407 440 107.14	611 281 115.31	74 743 448.36	63 468 352.13	1 657 695 790.23
毛利率	65.28%	50.03%	46.19%	42.38%	64.71%	

一般零售公司的渠道包括直销渠道、加盟渠道、电商渠道和团购渠道等。从不同的渠道类型分析，一般直销渠道的毛利率高于加盟渠道。一般情况下，当电商平台销售的产品与直销渠道一致时，电商渠道毛利率与直销渠道会相近，但是由于部分产品线上购买运费较高，根据会计准则的规定，运费应计入营业成本，计入后会降低毛利率，故电商平台毛利率在报表上的数值上会低于直销渠道。

直销渠道和电商渠道一般是公司直接将产品销售给终端客户，加盟渠道一般是公司将产品以一个较低的价格销售给加盟商，随后加盟商再按照公司规定的统一零售价格销售给终端客户。加盟商之所以愿意和公司成为合作伙伴，是因为和公司合作可以赚到钱，所以对加盟渠道的毛利率分析也可以从侧面验证公司给加盟商的毛利空间是否足够。

假设公司直销的产品和经销的产品相同且两者终端的销售价格一致，直销业务的毛利率达到50%，但是经销业务的毛利率为33.3%，如图6-6所示。

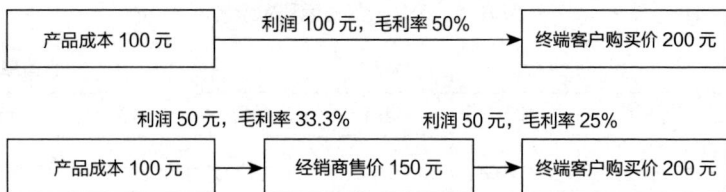

图 6-6　经销渠道毛利率计算

既然直销业务毛利率这么高，那为什么公司还要采取经销模式呢？直销虽然毛利率高，但是公司需要花费非常多的时间去每一个地区建立销售团队，熟悉当地销售终端并建立合作关系，开发一个全新市场的投入较大，时间较长。但是选择与当地的经销商合作，可以利用经销商在当地的资源快速完成市场进入和覆盖，让一部分利润给经销商，共同把市场份额这个蛋糕做大，达到双赢。

但是由于毛利率的计算公式的特点，在判断经销商毛利率的时候不能直接将直销的毛利率减去经销的毛利率作为精确判断的数值。但是可以通过这个差额去判断公司留给经销商的利润空间，留的利润空间越大，经销商的稳定性越高。

接下来分析电商渠道的毛利率。电商渠道主要指公司通过在淘宝、京东或者抖音等电商平台开立店铺直接向终端客户销售产品。由于是直接向终端客户销售，而且为了保证所有渠道零售价格的稳定性，一般不同渠道同一产品的零售价的差异不会很大，否则就会非常不利于多渠道的发展。

虽然电商渠道的毛利率和直销渠道的毛利率实际是比较接近的，但是由于表 6-1 中公司销售的产品重量较大，相较于线下传统渠道大批量物流运输的成本，线上产品的单位运输成本更高，从而降低了电商渠道整体毛利率。此外，目前国内各个电商平台的流量已经接近饱和，各个电商平台销售的成本也比较高，电商渠道较为典型地呈现了高毛利和高销售费用的特征。

第 7 章

了解公司家底厚不厚：资产质量分析

本章将着手开展资产负债表部分的分析。主要包含三个方面的内容：资产质量分析、流动性分析和运营效率分析。本章重点分析资产负债表中的资产质量，包括货币资金、短期投资、应收账款和存货。

7.1 货币资金竟然也暗藏猫腻

在所有资产负债表项目中，货币资金从字面上似乎是最易理解的。然而，在进行资产质量分析时，主要需关注两个问题：一是公司账面上有多少可用资金；二是公司账面上的资金与其借款之间的比例是否恰当。

7.1.1 公司账面上有多少可用资金

在分析资产负债表时，分析者可能会发现某些公司资金的余额较高，从而得出公司资金较为充裕的结论。然而，资产负债表上显示的资金余额并不一定代表着公司实际可用的资金余额。判断公司可用资金余额可以在财务报表附注的货币资金明细中找到，该部分详细披露了公司实际可用的资金数量。某公司货币资金明细如表7-1所示。

表7-1 某公司货币资金明细

单位：元

项目	期末余额	期初余额
库存现金	9 824 291.00	106 455.00
银行存款	6 746 236 962.68	7 025 477 010.00
其他货币资金	3 501 985 585.62	2 702 244 974.96
合计	10 248 320 791.21	9 727 828 439.96
其中：存放在境外的款项总额	360 323 021.57	335 712 175.19

正如表7-1所列示，一般公司会在财务报表附注中披露货币资金明细。虽然资金可能存放于公司的银行账户中，但在以下几种情况下，这些资金实际上是不可使用的。

①由于公司采用票据结算，需要在银行支付保证金以开立银行承兑汇票。保证金通常是根据授信额度决定的，一般情况下无法使用。

②若公司的银行账户中的资金因诉讼而被银行冻结，则该账户内的资金无法使用。

③为了融资，公司可能将定期银行存款质押以获取贷款。这些已被质押的银行存款通常也无法使用。

④一些公司可能会收取押金或保证金作为履约保证，例如共享单车公司收取的用户押金。这部分资金通常不会在货币资金明细中单独披露。从所有权角度来看，这部分资金并不属于公司的财产，也不属于用户借给公司使用的资金。为了保护用户利益，这部分资金也是无法使用的。

7.1.2 为什么公司明明有很多资金，但是还是借了很多钱

在分析货币资金时，专业术语"存贷双高"常常给人带来困扰。"存贷双高"是指一些公司的财务报表上显示有大量的货币资金，但与此同时，它们的短期借款和长期借款余额也很高，并且支付了相对较高的利息。这种现象造成了一个矛盾：公司拥有大量可用的流动资金，但还需要承担高额债务和支付巨额利息，从而降低了公司的整体利润率。"存贷双高"违背了正常的商业逻辑，容易使分析者对财务报表的准确性产生怀疑。从商业实践的角度出发，"存贷双高"通常有以下几个可能的原因。

①存款中可用的资金很少，大部分资金受到限制。正如前文所述，公司可用的资金非常有限，因此日常经营需要依靠大量贷款支持。这种情况相对比较合理，通常表明公司的流动资金相对紧张。

②在大型集团中，不同的子公司可能资金状况各异，有的资金充裕，有的则资金紧张，因此需要大量贷款。所以在合并报表层面可能造成"存贷双高"的现象。但出现这种情况的可能性较小，因为大型集团通常会对下属公司进行严格的资金管理，以提高集团整体的资金利用率。

③有息负债的利率特别低，利用自有资金投资可以产生利息差。当公司偿还债务的利率足够低，同时空闲资金的收益足够高时，公司可能会通过借入低息资金并将其投资于高回报投资中，从而赚取利息差。这种情况通常只存在于规模特别大、信用特别好的公司中，一般公司无法获得利率足够低的贷款。

④财务报表粉饰。这也是"存贷双高"现象的原因之一。一些

"存贷双高"的最终被证实其财务报表存在造假行为。然而，这种财务报表粉饰在实施过程中难度较高。在借款端几乎不可能存在造假行为，因此，可能存在造假的只能是存款端，但在存款端进行造假的难度也较高。

上市公司货币资金的审计程序要求，注册会计师在期末需要向银行发送函证，以核查银行账户余额。目前，大型银行均设立了专门的函证中心，统一处理审计的函证。这一审计程序可确保注册会计师获得商业银行提供的账户余额信息，因此公司在账户余额上造假的可能性相对较小。如果确实发生了账户余额造假注册会计师却未发现的情况，那么可能是注册会计师没有审慎地履行审计程序或者执行了函证程序但没有发现异常，此时注册会计师应对公司财务报表粉饰的后果承担相应责任。

案例 7-1 宜华生活货币资金造假

以宜华生活为例，其财务报告数据显示，2015—2018 年，公司的货币资金分别为 34.26 亿元、35.52 亿元、42.29 亿元和 33.89 亿元，分别占当年总资产的 26.92%、22.24%、25.32% 和 19%。以 2018 年为例，公司年末货币资金为 33.89 亿元，其中 3.62 亿元为受限资金，用于银行承兑汇票的保证金、贷款质押保证金等，这意味着宜华生活账面上有超过 30 亿元的闲置资金。然而，违背商业逻辑的是，在账面资金充裕的情况下，宜华生活的有息负债却持续增加，并主动承受高额融资成本。2015—2019 年，宜华生活的有息负债总额分别为 42.54 亿元、56.22 亿元、61.81 亿元、64.03 亿元和 61.90 亿元，长期维持在高位，而财务费用分别为 1.86 亿元、2.56 亿元、4.15 亿元、4.47 亿元和 4.05

亿元。

"存贷双高"的现象显然不符合常理，最终宜华生活被曝通过财务报表粉饰的手段虚构了银行存款，但为了维持公司的经营又不得不进行融资以维持经营现金流。

有的公司货币资金余额较高，占总资产的比例较高，此时分析者需要进一步判断公司的资金储备规模是否合理。公司存在的意义是将资金转化成商品再实现资金回收，资金储备过多说明公司的资金使用效率较低，公司还不如将超出正常需求量之外的资金进行分红，以减小总资产规模，提升净资产收益率。

以宁德时代 2022 年资产负债表为例，2022 年末宁德时代货币资金余额约为 1 900 亿元，资产总额约为 6 000 亿元，货币资金占比超过 31%。那 1 900 亿元的货币资金到底多不多呢？首先，查看财务报表附注确认 1 900 亿元货币资金中的受限货币资金金额为 325 亿元，扣除该部分，宁德时代实际可以使用的货币资金为 1 575 亿元。其次，查看公司负债规模，其中应付票据 1 260 亿元、应付账款 940 亿元、短期借款 14 亿元、长期借款 590 亿元，合计 2 804 亿元。可用货币资金金额远小于负债规模，判断该货币资金占比相对合理。因为宁德时代在产业链上的话语权较强，占用了较多供应商的无息资金，若没有此部分资金占用，公司甚至还可能面临资金短缺的情况。

假设宁德时代可用资金仍为 1 575 亿元，但相对负债规模仅为 500 亿元，则分析者需要额外关注闲置资金的使用情况。

7.2 短期投资：“爆雷”集中地

短期投资在资产负债表上通常包括交易性金融资产等。为了提升闲置资金的收益，许多公司会选择风险相对较低的理财产品进行投资。但是，在进行资产质量分析时，如果公司的短期投资金额较大，则需要对短期投资的质量进行评估。

7.2.1 短期投资“爆雷”事件频出

根据 Wind 数据，截至 2022 年 12 月 25 日，共有 1 089 家 A 股公司购买了理财产品，合计认购金额达到 10 697.38 亿元。其中，超过 90% 的公司购买了多个理财产品，最高金额达到上百亿元，有 271家公司在理财产品上的投资超过 10 亿元。在这些公司中，已有多起上市公司理财产品发生“爆雷”事件。以 2022 年 12 月为例，包括华媒控股、塔牌集团、吉华集团、恒银科技在内的多家公司遭遇信托产品逾期兑付，还有部分公司的固收类理财产品也面临逾期兑付。例如，恒银科技在 2022 年两度遭遇信托理财踩雷，合计金额超 1.8 亿元，而其 2020 年和 2021 年归母净利润合计仅有 5 000 多万元。

此外，2022 年 8 月 23 日，上市公司富安娜宣布，其购买的“中信证券富安 FOF 定制 1 号单一资产管理计划”（简称“富安 1 号”）已逾期，目前共收到本金 1 350 万元，剩余产品本金 1.065 亿元及投资收益到期未兑付，该产品存在本息无法全部兑付的风险。

7.2.2 短期投资风险评估

那么，作为投资者，如何评估公司短期投资的资产质量呢？首先需要了解公司购买了哪些理财产品，其次需要了解这些理财产品的具体性质。公司购买的理财产品通常在年报第六节"重要事项"中"重大合同及其履行情况""委托他人进行现金资产管理情况"等部分披露。然而，大多数公司在披露理财产品信息时，仅按购买机构（如银行理财、券商理财、信托理财等）进行分类，而未披露具体产品的详细信息。因此，投资者需要通过其他信息公开渠道、投资者互动平台或直接联系公司董秘等途径来获取更具体的理财产品信息。对外投资信息披露示例如表7-2所示。

表7-2 对外投资信息披露示例

单位：万元

具体类型	委托理财的资金来源	委托理财发生额	未到期余额	逾期未收回的金额	逾期未收回理财已计提减值金额
银行理财产品	自有资金	20 000.00	20 000.00	0	0
券商理财产品	自有资金	100 000.00	60 000.00	0	0
信托理财产品	自有资金	40 000.00	30 000.00	0	0
其他类	自有资金	20 000.00	—	0	0
合计		180 000.00	110 000.00	0	0

在了解到理财产品的信息之后，对理财产品本身的风险进行评估也至关重要，以判断其是否真如公司所披露的那样属于低风险投资。对理财产品的风险评估涉及较为专业的金融知识，因此本书不进行详细介绍。然而，在分析时，要特别关注一个核心要点：理财产品的资

金最终投向了哪些底层资产，因为这些底层资产的风险水平决定了整个投资的风险水平。

以富安娜的案例为例，如果其投资的理财产品最终投向的底层资产是国债，那么这个理财产品的风险极低。然而，根据公开信息披露，富安娜投资的底层资产是一个房产项目。该房产项目最终经营失败，导致了公司资金的损失。这一实例清晰地说明了，评估理财产品的安全性，不仅要考虑其表面的分类或标签（如低风险或高收益），还需要深入了解其底层资产的具体情况和相关风险。

7.3 借给客户的钱：应收账款质量分析

"应收账款"是资产质量分析中的一个重要项目。在销售过程中，大多数企业会给予客户一定的账期，短则一个月，长则可达六个月。应收账款账期时间越长，企业的流动资金越紧张，随着企业销售规模的扩大，流动资金可能成为限制企业快速发展的主要因素之一。因此，对于应收账款周转率较低的企业，必须对其应收账款的质量进行全面评估和分析。

1. 应收账款的质量分析

应收账款的质量分析主要包括三个方面：应收账款周转率、应收账款账龄分析和应收账款增速匹配性。

（1）应收账款周转率

应收账款周转率将在流动性风险分析部分进行详细介绍。应收账款周转率的计算公式为：销售收入 / [（期初应收账款 + 期末应收账款）/ 2]。在商业实践中，通常提供 90 天的账期被视为相对优越，此时应收账款周转率在 4 次左右。然而，不同行业间的情况差异很大。例如，零售行业基本上没有应收账款，而工程施工行业的应收账款余额较高，回款困难，导致应收账款周转率较低。对应收账款周转率的具体分析应结合公司所在行业的特点进行。

（2）应收账款账龄分析

应收账款账龄分析可以帮助分析者了解应收账款的收回周期，从而评估可能的坏账风险。

（3）应收账款增速匹配性

应收账款的增速可能反映出企业的销售增长情况或收款能力的变化。

2. 对企业年报的财务报表附注的分析

在分析应收账款时，企业年报的财务报表附注中通常包含丰富的相关信息。在阅读年报时，应特别关注以下几个方面的内容。

（1）应收账款分类披露

应收账款分类披露情况如表 7-3 所示。

表 7-3　应收账款分类披露

金额单位：元

类别	期末余额					期初余额				
	账面余额		坏账准备		账面价值	账面余额		坏账准备		账面价值
	金额	比例	金额	计提比例		金额	比例	金额	计提比例	
其中：										
按组合计提坏账准备的应收账款	432 908 084.65	100.00%	140 809 390.07	32.53%	292 098 694.58	496 596 096.46	100.00%	150 754 784.62	30.36%	345 841 311.84
其中：										
农机板块组合	133 341 061.18	30.80%	113 725 468.22	85.29%	19 615 592.96	170 333 988.36	34.30%	120 711 932.87	70.87%	49 622 055.49
军工板块组合	299 567 023.47	69.20%	27 083 921.85	9.04%	272 483 101.62	326 262 108.10	65.70%	30 042 851.75	9.21%	296 219 256.35
合计	432 908 084.65		140 809 390.07		292 098 694.58	496 596 096.46		150 754 784.62		345 841 311.84

（2）本期计提、收回或转回的坏账准备情况

本期计提、收回或转回的坏账准备情况如表 7-4 所示。

表 7-4　本期计提、收回或转回的坏账准备情况

单位：元

类别	期初余额	本期变动金额				期末余额
		计提	收回或转回	核销	其他	
按风险组合计提的坏账准备	85 699.00	240 771.03				326 470.03
合计	85 699.00	240 771.03				326 470.03

（3）按欠款方归集的期末余额排名前列的应收账款情况

某公司应收账款欠款排名如表 7-5 所示。

表 7-5　应收账款欠款排名

金额单位：元

单位名称	应收账款期末余额	占应收账款期末余额合计数的比例	坏账准备期末余额
中国免税国际有限公司	3.890.598.54	62.09%	194.529.93
萨泽拉克酒业有限责任公司	1.182.640.06	18.87%	59 132.00
百湾葡萄酒有限公司	559.788.31	8.93%	27.989.42
北京寺库商贸有限公司	263 509.80	4.21%	26 350.98

　　这一部分的信息对理解企业的客户集中度和应收账款的质量具有重要意义。通常情况下，企业的前几大客户在应收账款余额中所占比例也较大，因此需要对这些客户进行匹配分析。

　　如果企业在其报告中披露了这些客户的具体名称，那么对应收账款余额中占比较大的客户进行单独分析将非常有助于评估应收账款的

质量。例如，如果某一大客户是信誉良好的国有企业或上市公司，那么可以合理推断该客户的信用风险较小，从而判断与该客户有关的应收账款质量较高。

然而，如果企业在报告中对客户名称进行了模糊处理，那么对应收账款质量的分析可能会受到限制。在这种情况下，可以通过分析其他相关信息，如应收账款的账龄分布、历史坏账记录、坏账准备等，间接评估应收账款的质量。

（4）按账龄披露的应收账款坏账信息是应收账款质量分析中的重要内容

在商业实践中，三个月的应收账款账期属于普遍的信用政策，三个月至六个月的账期则被视为非常宽松的信用政策。会计准则规定，坏账准备通常基于账龄乘以一定的计提比例计算得到，可以简单理解为一年以上的应收账款可能计提 50% 的坏账准备，三年以上的应收账款可能计提 100% 的坏账准备等。

但在实际商业活动中，除非行业特定现象，一般超过一年的应收账款能够收回的可能性相对较小。如果一年以上的应收账款余额较高，特别是应收账款总额超过 10% 的，则需要关注长期挂账的原因。无论是什么原因导致的一年以上的应收账款余额较高，都表明公司的经营情况存在问题，主要原因可能如下。

①公司产品交付存在质量问题，导致客户不愿按时付款。此时需要结合前五大客户收入波动情况和公司整体收入波动情况判断收款难的问题是否已经成了公司普遍现象。

②公司为了扩大销售规模选择了较为激进的销售策略，给予客户较大的信用额度和较长的信用周期。部分客户由于经营不善导致销售

回款存在问题，此时分析者需要回顾公司过去的销售收入增长驱动因素是否合理，滥用信用政策导致的销售收入增长只是短期效应，无法长久驱动公司业绩增长。

③公司财务报表粉饰，大量虚构应收账款。由于财务报表粉饰生成的应收账款根本没有客户支付，因此就会导致应收账款账龄较长。

在分析应收账款时，结合销售收入对其质量进行组合分析也很重要，这可以在一定程度上判断公司的业绩增长质量。从客观规律来看，应收账款的规模通常随着销售规模的扩大而扩大。

但是，如果发现公司的应收账款增加额等于或接近销售收入的增加额，这可能是一个警示信号，表明公司的销售收入存在造假的可能。另外，如果销售收入快速增长且应收账款也同步快速增长，这可能表明公司利用信用政策刺激销售，可能导致销售规模扩大，但净利润不增长的局面。

因此，在分析应收账款时，除关注其金额和账龄外，还应评估其与销售收入的关系，以及可能发生的财务风险。

7.4 存货质量分析

存货对制造型和贸易型企业而言是一个关键的项目。尽管存货以实物形态存在，但从财务报表的角度看，它代表的是资金的占用。存货的滞销不仅会造成资金的机会成本损失，还可能导致处理存货时出现较大的损失。然而，由于年报披露的信息有限，所以很难直接从报表中判断存货的质量。财务报表附注中披露的存货账面余额仅为 12 月

31 日的时点数，对比时点数没有意义。

在年报中披露的存货信息主要包括原材料、在产品、库存商品和周转材料等，如表 7-6 所示。其中，原材料和库存商品是对财务报表分析十分重要的信息，而对其他存货信息，在分析时可以不重点关注。

表 7-6　年报中披露的存货信息示例

单位：元

项目	账面余额	存货跌价准备 / 合同履约成本减值准备	账面价值
原材料	783 309 939.89	105 527.33	783 204 412.56
在产品	5 571 165.37		5 571 165.37
库存商品	36 847 943.04		36 847 943.04
周转材料	27 907 128.13		27 907 128.13
合计	853 636 176.43	105 527.33	853 530 649.10

1. 原材料

当公司销售规模扩大、出货量增加时，为了保证生产的正常运转，原材料余额的增长是正常的。原材料的大规模囤积通常发生在原材料价格剧烈波动时，公司可能会采购低价原材料以提升利润。如果公司的原材料价格相对稳定，但原材料余额出现不匹配的异常变动，分析者需要关注其背后的原因。

2. 库存商品

库存商品的余额如果较高，尤其是在销售收入下滑的情况下，可能表示产品生产出来但未能销售，导致存货积压。这可能表明公司正处于困难时期。由于年报中通常不披露呆滞物料或库龄较长的物料的具体信息，所以分析者无法进一步判断存货的质量。

3. 发出商品

不是所有公司都涉及"发出商品"科目。这个科目通常出现在产品从仓库发出到最终客户验收确认需要较长时间（例如 3 ~ 6 个月）的情况下。发出商品代表的是收入确认的时间差异，因此在分析年报时发现较高的发出商品余额，表明这些余额会在不久的将来转化为销售收入。发出商品可以等同于即将确认的销售收入。

总之，在分析存货时，重点应放在原材料和库存商品上，同时考虑销售规模、产品流动性以及市场需求变化等因素，以全面评估存货的质量和公司的财务健康状况。

7.5 报表中的"雷"要排除：商誉分析

根据会计准则的定义，商誉指的是公司在对外并购时，付出的对价成本高于购买日被并购公司可辨认净资产之间的差额。通俗角度理解，假设公司花费 100 元购买了公司 A，但是公司 A 账面上的净资产仅值 80 元。按照谨慎性原则，公司 A 账面价值为 80 元，因此在公司长期股权投资中计入对 A 公司投资 80 元。对于支付的 100 元与长期股权投资确认的 80 元之间的差额 20 元，为了保证资产负债表的平衡，需要使用另外一个科目进行记录，即商誉。

从商业角度考虑，一家公司在实际经营过程中有一些资产是无法在资产负债表中予以记录的，例如客户资源、品牌、渠道等。但是当该公司面临被收购时，除了资产负债表上列示的各项资产扣除负债剩余的净资产外，并购方也需要对客户资源、品牌或者渠道等支付相应的对价，此部分对价即形成商誉。

2023 年，步长制药发布业绩预告显示，预计 2022 年亏损 15.84 亿~ 19.36 亿元，而 2021 年同期归母净利润为 12.89 亿元。业绩预亏的主要原因在于，公司拟对通化谷红制药有限公司和吉林天成制药有限公司计提商誉减值准备，合计 30 亿~ 34 亿元。其他类似的案例在 A 股市场上层出不穷，大部分导致公司出现巨额亏损，甚至退市。作为分析者，究竟该如何对商誉的质量进行分析呢？

答案是"无法分析"。如上文所述，商誉主要源于公司在并购过程中支付的额外对价，由于客户资源或者品牌、渠道根本不存在第三方市场定价，所以外部分析者无法确认并购过程中所支付的溢价是否合理，即商誉金额是否合理。另外，在后续日常经营过程中，这些资源可能随着外部市场环境的变化而变化，其实际价值变得更难以衡量。即使是专业注册会计师也需要获得大量内部信息之后才能够做出职业判断。外部分析者能获得的资料极其有限，因此无法对商誉的质量进行全面分析，能做的只有远离商誉较高的公司，规避此类风险。

第8章
流动性分析

本章将着重讲解流动性分析。虽然流动性分析通常不是投资者主要关注的领域——投资者的主要目标往往是获得公司的长期成长收益——但在当前市场环境下，随着上市公司数量的增加以及这些公司质量的差异，对流动性风险的关注变得尤为重要。特别是对那些缺乏初判断能力的投资者来说，识别流动性风险至关重要，因为存在流动性问题的上市公司可能给投资者带来较大的损失。

为了帮助投资者在财务报表分析时准确评估流动性风险，本章将介绍一些基本的流动性风险分析方法。流动性分析的一个关键评估要素是公司运营效率，因此本章也将介绍公司运营效率分析的方法。

8.1　流动性风险分析

在现实的商业环境中，许多公司的破产并不是因为资不抵债，而是由于流动性问题导致资金链断裂，最终导致公司经营失败。

1. 流动性问题出现的原因

实际上，2023 年以来，已经有多家上市公司因流动性问题而退市。流动性问题的出现通常有以下几个主要原因。

（1）运营原因

公司业绩下滑、盈利能力下降，甚至出现亏损，是导致流动性风险的核心运营原因。在这种情况下，如果公司的经营需要大量垫资，那么公司就会面临较大的流动性风险。

（2）期限错配

长短期资金的错配是导致流动性风险的又一个重要原因。当公司将短期借款投入长期资产时，如果长期资产的投资回报率不能满足公司要求，或者投资情况不理想，就会给公司带来严重的短期偿债压力。如果在短期债务到期时，金融机构未给予公司贷款的展期或重新放贷，就可能导致资金链断裂。这通常发生在财务杠杆较高的情况下。

（3）对外投资失败

一些公司在盲目扩张的同时进行多元化战略投资，但新投资的项目无法产生正向现金流，从而导致流动性风险。使用哪种资金进行投资也很关键。如果使用公司运营产生的现金流进行投资，即使投资失败也不太可能带来流动性风险。但是，如果大量利用短期资金进行投资，则流动性风险会显著增加。

因此，对投资者而言，理解出现流动性风险的根本原因，以及如何通过财务报表分析这些风险，是非常重要的。通过深入分析公司的财务杠杆、资金运用和投资策略等，投资者可以更好地评估公司的流动性风险，从而做出更明智的投资决策。

运营原因的详细分析会在 8.2 节中详细介绍，由于对外投资失败的根本原因也属于期限错配，因此本章重点对期限错配原因进行深入分析。

2. 对期限错配原因的深入分析

典型的期限错配情况，如图 8-1 所示。

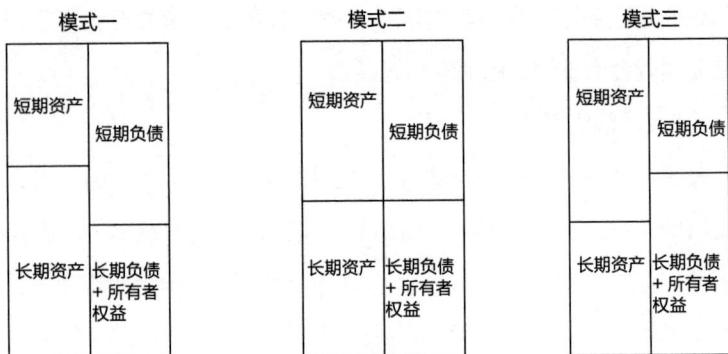

图 8-1　期限错配的三种模式

（1）模式一

在模式一下，短期负债不仅是短期资产的资金来源，而且还为部分长期资产提供资金。这种情况下的期限错配风险较高。如果短期负债能够在到期时续贷，则它实际上起着长期负债的作用，这时期限错配风险相对较低。但若短期负债到期时无法续贷，公司必须寻找新的资金来源，此时的短期流动性风险加剧。在分析时，还应关注短期负债为长期资产提供的金额是否逐年增加，因为金额逐年增加可能是公司流动性风险加剧的信号。

（2）模式二和模式三

模式二和模式三不涉及期限错配。在这两种情况下，长期资金来源满足了长期资产的资金需求，实现了资金期限的有效匹配。特别是在模式三中，形成了有效的"缓冲垫"，使得公司在经营过程中面临的流动性风险较低。

然而，仅从资产的期限配置来判断公司是否可能产生流动性问题是不够的。分析者需从有限的财务报表信息中去理解可能导致流动性风险的原因。即使公司的资产负债率超过 90%，且短期资金大量用于长期资产，但如果公司的经营基础良好且规模持续扩张，这种情况下的流动性风险可能不是特别高。但当公司的经营基础变差时，流动性风险会相应提高。因此，流动性风险的评估应建立在对公司经营基础的深入理解之上。

8.2 运营效率分析

运营效率分析的三个核心指标为存货周转次数、应收账款周转次数及应付账款周转次数。在财务理论中，针对这些指标的计算，存在众多公式，每种公式均有其理论基础。本章采用的是这三个指标的传统计算方法。对外部投资者而言，关注的重点在于趋势的变化，而非单一指标的绝对值。这类指标的绝对值并不足以代表一家公司的运营效率。

8.2.1 运营资金产生的原因

以制造业为例，运营资金循环主要包括将资金用于购买原材料，经由机器设备和生产人员等生产资料的结合，将原材料加工成产品，最终通过销售实现产品向资金的转化，如图 8-2 所示。

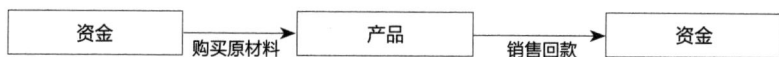

图 8-2　运营资金循环

例如，假设公司以 100 元购买原材料，并在生产过程中投入 10 元的机械设备和人工成本，那么产品的总生产成本为110元。若公司以150元的价格出售产品，则在此循环中公司的利润为40元。这是一个易于理解的价值模型，但其与公司运营效率的关联在哪里呢？下面分析几种情况，在这些情况中，假设公司的采购和销售环节不存在周期，生产需耗时一个月。

（1）第一种情况

在采购端实行款到发货的结算方式，销售端亦然。此时，公司的流动资金为100元，信用期限为一个月。若公司持续采用此业务模式，则需持续将100元投入运营过程中。若公司欲扩大至200元的业务规模，则需将流动资金维持在200元。

（2）第二种情况

采购端实行款到发货的结算方式，而销售端则给予客户一个月的信用期限。与第一种情况不同，此时公司需先垫付100元作为材料采购款。一个月后产品生产完毕并销售，由于尚未收款，再次生产时又需再次投入100元作为流动资金。因此，该情况下公司需投入200元的流动资金。

（3）第三种情况

采购端供应商提供50元的信用额度，信用期限为一个月，销售端实行款到发货的结算方式。在此情况下，公司需垫付的采购款为50元，销售后收款便可付款。相较于前两种情况，此时垫付的流动资金减少了50元。

（4）第四种情况

采购端供应商提供100元的信用额度，信用期限为一个月，销售端实行款到发货的结算方式。在这种情况下，公司无须投入流动资金，供应商的 100 元信用额度足以支持生产和销售。由于无须投入流动资金，公司在运营过程中面临的流动性风险较低。

（5）第五种情况

采购端供应商提供 70 元的信用额度，信用期限为一个月，销售端预收款项为 30 元，其余款项在销售后支付。在此情况下，公司同样无须垫付流动资金，完全可以将预收的 30 元支付给供应商进行生产。

综合考虑供应商提供的信用额度、信用期限，以及公司向客户提供的信用额度和信用期限，公司在正常经营过程中所需投入的流动资金会有所不同。公司内部的财务管理人员需进一步考虑采购周期、生产周期和销售周期等因素，以对公司的流动资金进行精细化管理。对公司而言，投入的流动资金越少，面临的流动性风险便越低。

8.2.2 运营效率分析方法

运营效率分析主要涉及三个指标。

存货周转次数 = 营业成本 / ［（期初存货 + 期末存货）/2］

存货周转天数 =360/ 存货周转次数

应收账款周转次数 = 营业收入 / ［（期初应收账款 + 期末应收账款）/2］

应收账款周转天数 =360/ 应收账款周转次数

应付账款周转次数 = 营业成本 / ［（期初应付账款 + 期末应付账款）/2］

应付账款周转天数 =360/ 应付账款周转次数

运营效率的这三个分析指标除了可以辅助判断运营效率之外，还可以帮助分析者了解公司在整个产业链中的话语权，识别公司的核心竞争力。

1. 投入金额的绝对值评估

进行指标分析之前，首先需要对公司投入的营运资金绝对值进行分析。投入的营运资金 = 应收账款金额 + 存货金额 − 应付账款金额 + 预付账款金额 − 预收账款金额。通过对营运资金绝对值的评估，分析者可以初步了解公司的经营模式属于哪一类。

根据表 8-1 和表 8-2 的数据，大多数公司在日常经营中需投入营运资金。以贵州茅台为例，其需投入约 219 亿元的营运资金，其中存货占比较大。对不熟悉贵州茅台生产模式的人来说，可能会疑惑为何公司账面上存货如此之多，而市面上的销售价格依然很高。这是由贵州茅台的特定生产模式决定的。贵州茅台每年生产的存货并不会立即销售，而是会存放在酒库中。品酒师会在适当时机选择不同年份的基酒进行勾兑，最终形成可供消费者购买的茅台酒。因此，在分析时需结合存货质量进行考量。通过披露的存货明细可以发现，公司 388.20 亿元的存货中，仅有约 18 亿元为库存商品，其余主要是在产品或自制半成品。

表 8-1 2022 年不同行业上市公司营运资金绝对值评估

单位：亿元

上市公司	应收账款	存货	应付账款	预收账款	预付账款	营运资金
贵州茅台	1.26	388.20	24.08	154.70	8.97	219.65
中国建筑	2 168.00	7 715.00	5 960.00	7.30	372.20	4 287.90
科沃斯	19.53	29.06	33.92	0.00	3.40	18.07
劲仔食品	997.40	30 060.00	10 030.00	11 440.00	989.20	10 576.60
九安医疗	3.95	6.98	3.12	0.87	1.24	8.18

上市公司	应收账款	存货	应付账款	预收账款	预付账款	营运资金
药明康德	60.47	56.69	16.59	24.97	2.91	78.51

表 8-2　贵州茅台存货余额

单位：元

项目	2022 年	2021 年
原材料	3 917 462 473.00	4 019 538 465.82
在产品	17 311 447 077.83	14 310 650 087.51
库存商品	1 814 110 748.17	1 319 352 631.84
自制半成品	15 782 637 922.07	13 746 107 884.49
合计	38 825 658 221.07	33 395 649 069.66

中国建筑作为一家建筑施工业企业，面临上下游结算周期较长的问题，因此需要投入超过 4 000 亿元的营运资金。其他行业，如医疗行业和零售行业，虽然普遍被认为现金流状况较好，但同样需要投入一定量的营运资金以满足日常经营需求。

2. 投入金额的时间序列评估

在完成对投入的营运资金的绝对值评估后，分析者可以初步了解公司的整体经营模式。若公司近几年处于销售收入快速增长阶段，结合销售收入的增长情况，分析者可以判断营运资金的增长趋势。进而，结合公司的战略目标，分析者可以识别未来需投入的营运资金量。

以贵州茅台为例，2016 年公司实现了约 400 亿元的营业收入，当时投入的营运资金约为 40 亿元，如表 8-3 所示。到了 2022 年，公司营业收入达到 1 276 亿元，相较于 2016 年增长了约 218%，而营运资金的投入却增加了约 463%。

表 8-3　贵州茅台营运资金及营业收入

单位：亿元

项目	应收账款	存货	应付账款	预收账款	预付账款	营运资金	营业收入
贵州茅台2022年数据	1.26	388.20	24.08	154.70	8.97	219.65	1 276.00
贵州茅台2016年数据	8.18	206.20	10.41	175.40	10.46	39.03	401.60

在一些公司中，受到行业经营模式的影响，需垫支的营运资金较多。在评估营业收入增长率时，需考虑营运资金可能成为公司规模扩张的主要限制因素。这可能导致的情况是，由于营运资金不足，产品无法及时交付给客户，从而拉长了公司的回款周期。在这种情况下，尽管公司能够保持快速的营业收入增长，但这种增长会由于缺乏现金流支撑而成为低质量增长。

3. 现金周期的计算方式

对于运营效率，还有一种通用的分析方法，即现金周期的计算。现金周期的计算需要结合周转天数进行。在运营效率分析方法中提到了三个指标——存货周转天数、应收账款周转天数以及应付账款周转天数，计算这三个指标可以得出营运周期和现金周期。

营运周期 = 存货周转天数 + 应收账款周转天数

营运周期主要指的是公司从采购原材料开始到最终销售完成收回货款的平均期限。

现金周期 = 存货周转天数 + 应收账款周转天数 - 应付账款周转天数

采购存在一定的信用期限，现金周期就是在营运周期的基础上减去应付账款周转天数。

营运周期和现金周期的天数越短，通常表示公司的运营效率越高。理论上，营运周期最小可降至 0，而现金周期甚至可以是负数。一个典型的例子是准时生产（Just In Time，JIT）模式，如丰田公司要求供应商直接将原材料送至生产线，实现近乎零库存的生产模式，这使得丰田公司的营运周期极其短甚至接近于 0。

现金周期成为负值是因为应付账款周转天数抵消了一部分或全部的营运周期。如果现金周期为负，意味着公司在日常营运中不仅无须投入营运资金，还可能从供应商处获得免费的资金进行使用。

第9章

现金流分析

现金流分析主要通过现金流量表的分析识别公司现金流情况，一是将现金流的分析结果与短期偿债能力、营运效率分析结果相验证，二是将现金流的分析结果与公司成长能力相验证。

9.1　现金流量表的基本分析

根据现金流量表的定义，现金流量表是根据每一笔资金的收付记录编制而成的，目的是让财务报表使用者更加直观地判断公司的现金流情况。但是公司经营过程复杂程度较高，存在以下情况可能导致现金流量表失真。

1. 经营活动产生的现金流量失真

销售商品、提供劳务收到的现金和购买商品、接受劳务支付的现金主要记录的是公司在销售和采购过程中收到和支付的现金。但是现有商业结算模式较多，并不都是使用现金进行结算，很多行业的上下游使用银行承兑汇票进行结算。

通过银行承兑汇票结算的，一般客户签发一张六个月到期的银行承兑汇票给公司，履行付款义务。公司收到银行承兑汇票后有三种选择：第一种是持有到期，票据到期后银行将该笔款项支付给公司，此类情况不影响现金流；第二种是将票据贴现，公司可以选择支付一定金额的利息费用将该票据出售给银行并在当下获得资金，此类情况对现金流影响不大；第三种是背书转让，公司直接将银行承兑汇票转让给下游供应商，完成应付账款结算。此类情况下由于不涉及资金的流转，因此现金流量表无法体现此部分结算金额，对现金流量表产生较大影响。大部分公司会选择背书转让的方式处理银行承兑汇票，因此在以银行承兑汇票为结算方式的行业，现金流量表的收入和支出金额与实际差异较大。

现金流量表指标分析中有一项非常重要的指标——销售现金比率，其计算公式为：经营活动现金净流入／销售收入×100%。如果公司在上下游的结算中使用票据结算方式占比较大，可能导致该指标偏低，但这并不意味着公司销售收入未实现回款。分析者必须结合公司所处行业的实际情况进行判断。

钒钛钢铁自 2019 年开始，销售现金比率仅在 70% 左右，如表 9-1 所示。若不加以深入分析，分析者可能因为大量的收入未产生现金流入，判断该公司收入质量较差，甚至存在造假嫌疑。但在深入分析后了解到，2023 年公司资产负债表中应收票据余额约为 1 亿元，应收账款融资余额约为 6.2 亿元。票据结算在公司收入模式中占比较大导致销售现金比率较低，并不能仅凭该指标判断公司收入质量较差。

表 9-1　钒钛钢铁销售现金比率

金额单位：万元

项目	2019 年	2020 年	2021 年	2022 年	2023 年
销售收入	1 315 866.97	1 053 855.83	1 406 027.38	1 508 754.64	1 438 013.81
销售商品、提供劳务收到的现金	911 535.72	781 176.88	1 090 016.55	1 017 271.55	987 313.55

项目	2019 年	2020 年	2021 年	2022 年	2023 年
销售总收入	69.27%	74.13%	77.52%	67.42%	68.66%

2. 投资支付的现金和收回投资收到的现金失真

投资活动产生的现金流量中有"收回投资收到的现金"和"投资支付的现金"两个项目，在编制现金流量表的过程中，这两个项目也存在失真的情况。按照现金流量表编制逻辑，每一笔资金的收付都需要记录。大部分上市公司资金较为充裕，为了提升资金收益率，其一般会购买银行理财产品。假设一家上市公司购买 1 亿元理财产品，为期一个月，一年购买 12 期，则现金流量表中"投资支付的现金"和"收回投资收到的现金"项目均为 12 亿元。

此种情况下虽然单个项目发生额较大，但是以投资净额口径计算不影响现金流量净额。假设公司于 12 月 15 日购买 1 亿元理财产品，到期日为次年的 1 月 15 日，此时现金流量表显示公司投资支付的现金为 1 亿元，无收回投资收到的现金，则投资活动产生的现金流量净额为现金流出 1 亿元。但是投资活动现金净流出的结果仅仅是时间差异造成的，分析者如果不加以深入分析，可能会得出错误的分析结论。

海普瑞公司 2020 年投资支付的现金约 17.6 亿元，收回投资收到的现金约 9.5 亿元，投资活动现金净流出约 8.1 亿元，如表 9-2 所示。但是结合交易性金融资产数据，2020 年年末余额较 2019 年增加约 7 亿元。显然公司在 2020 年年末买入大量交易性金融资产，但是由于交易性金融资产未到期，导致 2020 年现金流量表有大额现金净流出，使现金流量表失真。2023 年收回投资收到的现金约为 15.7 亿元，投资支付的现金约为 6.8 亿元，交易性金融资产 2023 年年末较 2022 年减少约 9 亿元。

表 9-2　海普瑞 2019—2023 年现金流量

单位：万元

项目	2019 年	2020 年	2021 年	2022 年	2023 年
收回投资收到的现金	186 617.96	95 067.35	271 641.85	407 561.33	157 417.64
投资支付的现金	194 151.78	176 349.95	237 016.20	448 267.35	67 725.60
长期股权投资	134 977.20	163 118.25	114 646.49	98 938.63	100 404.59
交易性金融资产	11 264.44	82 820.52	98 115.71	131 164.24	41 418.38

　　其实，分析者真正想要关注的并不是与交易性金融资产相关的投资现金流入与流出，而是与长期股权投资相关的现金流出，因为交易性金融资产和长期股权投资相关的现金流都在投资相关现金流项目中核算。根据长期股权投资可以进一步了解公司战略、运营模式等有价值的信息，而不是了解公司到底买了多少理财产品，获得了多少利息收益。

　　通过以上两点分析，分析者对针对现金流量表项目计算的相关指标要保持审慎的态度，避免因现金流量表的失真导致得出错误的分析结论。

9.2　现金流的八种模式

现金流量表将现金流量划分为经营活动现金净流量、投资活动现金净流量和筹资活动现金净流量。三项现金净流量又可以进一步细分为正净流量和负净流量，结合三项现金净流量可以得出八种模式，如表 9-3 所示。

表 9-3　现金流的八种模式

模式	经营活动现金净流量	投资活动现金净流量	筹资活动现金净流量
模式一	正向流入	正向流入	正向流入
模式二	正向流入	正向流入	负向流出
模式三	正向流入	负向流出	正向流入
模式四	正向流入	负向流出	负向流出
模式五	负向流出	正向流入	正向流入
模式六	负向流出	正向流入	负向流出
模式七	负向流出	负向流出	正向流入
模式八	负向流出	负向流出	负向流出

在进行现金流模式划分时，将经营活动现金净流量作为首要划分因素，因为公司持续经营的前提是经营活动现金流量呈现净流入的状态，否则即使公司筹资能力再强也无法保持持续经营。此外，筹资活动正向流入指的是公司从外部筹资，负向流出指的是公司进行分红或者偿还外部筹资。正向流入和负向流出仅仅是对两种状态的判断，在实际进行分析时需要关注正向流入和负向流出的绝对值，除了经营活动现金净流量之外，投资活动现金净流量和筹资活动现金净流量在正负 10 万元以内均可以视同未发生相关现金变动。

（1）模式一

模式一在实际经营管理中发生的概率较低，经营活动现金净流量和投资活动现金净流量均呈现正向流入的状态，说明公司现金流极为健康。经营活动可以产生源源不断的现金流并且公司通过处置前期对外投资同样产生了现金流入，在此状态下，公司仍可以通过发行股票、债券或其他筹资方式成功筹集资金，说明公司在资本市场上具有较强吸引力。但是这种模式不可能具有持续性，尤其是投资和筹资活动的现金流入可能会受到外部市场环境变化的影响。综上所述，一个公司在经营活动、投资活动和筹资活动中都实现现金净流入，表明其在市场上的竞争力和资本吸引力强，投资效率高。

（2）模式二

与模式一相同，模式二下的公司拥有强劲的内部现金生成能力并且在进行资本支出或长期投资时非常谨慎，能够实现投资回报，或者成功出售一部分投资资产以获取现金。筹资活动现金净流量为负向流出通常表明公司正在还款或者支付股息给股东。这可能是因为公司管理层决定利用公司的现金来减轻债务负担，改善财务结构，或者是为了回报股东，提高股东满意度，这反映了公司对财务稳健性和股东价值的重视。

在成熟阶段的公司往往拥有稳定的经营活动现金流入，因为它们在市场上已经建立了强大的品牌基础和客户基础。同时，这些公司可能会有一定量的投资活动以维持或略微扩大市场份额，但通常不需要大规模的外部筹资。因此，它们可能使用筹集的资金来偿还债务或支付股息，如消费品、制药和公用事业行业。诸如能源行业或者科技公司也可能存在此模式。

（3）模式三

一般处于快速发展阶段的公司属于此模式，公司主营业务较为稳定，能够从日常运营中产生足够的现金，这是公司未来长期发展的保障。由于公司仍处于快速发展阶段，需要对固定资产进行投资，如购买设备、土地，或者进行收购以扩大业务范围。这通常表明公司正寻求通过提升生产能力、进入新市场或开发新产品来实现长期增长。虽然这可能会在短期内消耗现金，但从长远来看，这些投资有助于公司的发展和竞争力提升。

从公司的现金总量来看，公司在确保经营活动稳定获利的同时，也在积极投资，并通过筹资活动来平衡资金需求。然而，成功的关键在于如何平衡投资带来的增长潜力与筹资活动增加的财务风险之间的关系，以及确保经营活动产生的现金流能够支撑公司的长期目标和维持财务健康。

（4）模式四

与模式三不同，模式四下的公司通过经营活动获得现金流之后除了能够满足对外投资的需要，同时可以向股东支付股息、回购股票或偿还债务等。这说明公司经营活动产生的现金流非常充沛，完全能够满足未来发展的投资需要。

（5）模式五

经营活动的现金净流量为负向流出，表明公司的日常运营在报告期间消耗了较多的现金。这可能是因为公司的运营成本和费用高于其收入，或者是因为公司存货增加、支付应付账款速度加快，或收回应收账款的速度放缓等。此类情况下，一方面公司需通过出售一部分资产、收回投资或收取利息和股息等方式收回一部分现金；另一方面公司需积极地拓展筹资渠道，获得外部资金支持。

总之，这种现金流模式表明公司可能正在经历财务调整或处于转型期，需要通过外部筹资和资产重组来支持其经营活动和未来发展。

（6）模式六

一般此模式在经营过程中很少见，本章不进行讨论。

（7）模式七

模式七下公司经营压力较大，一般初创型公司会有这种现金流模式。一方面，公司主营业务尚未实现盈利，经营活动未能给公司产生足够的现金支持公司发展；另一方面，公司需要大量的现金进行投资，以保证公司快速发展。

公司存在大量的现金缺口，此时为了保证公司能够有效运营，筹资活动成了公司获得现金的唯一渠道。大部分互联网公司都是通过前期大量的筹资以维持主营业务的，在获得了一定的客户后，经营活动现金净流量转正，后续将持续为股东创造价值。

（8）模式八

一般此模式在经营过程中很少见，本章不进行讨论。

第 10 章

撕开财务报表的伪装

财务报表分析和财务报表粉饰仿佛天生就是一对矛盾体，有的人认为现在上市公司的财务报表都存在水分，基于这个水分分析得出的财务报表分析结论是存在错误的；有的人认为财务报表分析是万能的，通过一系列的财务报表分析，分析者可以有效识别上市公司财务报表粉饰的情况。其实这两个观点都比较偏激，一方面，财务报表分析不能识别财务报表粉饰行为，异常指标只能提示相关风险；另一方面，财务报表粉饰在上市公司中也是一个非常小概率的事件。本章将从两个角度说明财务报表分析和财务报表粉饰的关系及方法，希望投资者在财务分析过程中可以有效识别异常数据，避免投资踩雷。

10.1　通过一个案例识别财务报表的伪装

10.1.1　财务报表粉饰案例

　　2021 年 11 月 8 日，ST 新研接到了来自证监会的正式立案通知。由于 ST 新研在信息公开方面存在涉嫌违法和违规行为，证监会开始对其进行正式调查。

　　经过彻底的调查，证监会发现 ST 新研的子公司明日宇航是导致其财务报表粉饰的主要原因。根据《行政处罚及市场禁入事先告知书》，ST 新研自 2015 年 11 月 1 日起，将明日宇航纳入其合并财务报表中。因此，ST新研在2015年公布的利润数据中，包含了明日宇航2015年11月至12月的盈利。

从2015年到2019年，ST新研被发现虚增营业收入共计33.47亿元。具体到每个年度，营业收入分别被虚增3.51亿元、8.15亿元、11.74亿元、8.85亿元和1.21亿元，占据了相应年度报告收入的25.05%、45.50%、63.34%、47.07%和9.71%。

同样，2015年到2019年ST新研的利润总额也被虚增了13.11亿元。具体到各年度，利润总额分别被虚增1.77亿元、3.98亿元、5.63亿元、3.13亿元和-1.40亿元，分别占据了当期报告金额的50.69%、136.67%、118.24%、90.66%和6.77%。

根据这些违法行为的性质和严重性，证监会计划对ST新研施以警告并处以300万元罚款；同时，对公司高管也将施以警告和300万元的罚款。公司其他相关责任人员亦将面临不同程度的罚款。

10.1.2　如何通过财务报表分析撕开财务报表的伪装

假设在不知晓上述案例背景的基础上，尝试使用本书中教授的财务报表分析方法对公司历年财务状况进行分析以判断公司的经营情况，并识别公司是否存在财务报表粉饰行为。

1. 财务指标初判断

首先进行财务指标初判断，识别公司自2018年起的财务指标变化情况。

ST新研自2018年开始的经营情况出现较大程度的恶化，销售收入增长率在 2019 年和 2020 年分别为 -33.50% 和 -25.90%，除了销售收入增长率下跌之外，毛利率自 2018 年的 32.75% 下跌至 2021 年的 18.78%，如表 10-1 所示。销售费用率较为平稳，但是管理费用率整体呈增高趋势，销售净利率自 2019 年开始为负，表明公司呈亏损状态。

表 10-1　ST 新研主要财务指标

指标名称	2021 年	2020 年	2019 年	2018 年
销售收入增长率	47.14%	-25.90%	-33.50%	1.39%
毛利率	18.78%	18.79%	26.69%	32.75%
销售费用率	2.53%	2.48%	3.11%	2.59%
管理费用率	14.38%	20.27%	11.20%	6.65%
销售净利率	-24.36%	-82.05%	-161.41%	15.33%

通过分析财务指标，分析者能够初步确认的分析重点如下。

① 2019 年和 2020 年经营恶化的原因是什么。

② 2019 年和 2020 年管理费用率增高的原因是什么。

2. 产品维度营业收入分析

从产品维度进行营业收入分析，公司的两大主营业务分别是农机制造和航空航天飞行器零部件制造，航空航天飞行器零部件制造由公司子公司负责。通过对比营业收入金额发现，2021 年年报中显示的 2020 年专用设备制造（航空航天飞行器零部件）的营业收入为 48 140.57 万元，而 2020 年年报中记录的营业收入是 65 986.61 万元（如表 10-2 所示），两者金额不一致说明财务报表在 2021 年发生了调整，这表明公司的财务报表存在潜在风险。

表10-2 ST新研分产品营业收入变动

单位：万元

2021年报披露			2021年前年报披露项目					
项目	2021年	2020年	项目	2020年	2019年	2018年	2017年	2016年
营业收入合计	136 294.47	92 628.15	营业收入合计	110 474.19	124 999.79	187 956.88	185 383.17	179 141.05
专用设备制造（农机）	78 797.57	44 487.58	专用设备制造（农机）	44 487.58	41 674.17	40 544.48	21 336.56	70 843.96
专用设备制造（航空航天飞行器零部件）	57 496.90	48 140.57	专用设备制造（航空航天飞行器零部件）	65 986.61	83 325.62	147 412.40	164 046.61	108 297.09

另外，根据2020年年报，航空航天飞行器零部件在2017年增加了近6亿元的收入之后快速下跌，进而影响了公司的整体业绩。通常情况下，上市公司的业务在连续自然年内发展相对平稳，除非外部行业发生巨大变化或者公司主动进行业务结构调整。

根据公司2019年年报披露内容，公司解释道："报告期内，社会整体融资环境不理想，上下游环节均出现资金紧张的情况，公司较难平衡传统业务模式下的业务拓展和新业务模式下的流动资金及固定资产投入。为保障公司整体战略实施，着力发展部组件业务，同时保障承诺客户的产品交付任务按时完成，公司不得不主动放弃需要垫付较大启动资金的非战略性项目或需投资技改的项目，进而影响了公司2019年的业绩表现。未来，伴随融资环境改善及股权融资完成，公司流动资金将得到有效补充，此影响有望消除。"2020年年报中并未进一步披露营业收入下跌的原因。

从公司的自述中得到了第一个问题的答案，初步完成了对营业收入下跌原因的了解。

3. 盈利结构分析

在财务指标初判断时，发现公司毛利率和管理费用率在某些年份存在指标波动异常，进行盈利结构分析时需要进一步关注。

首先，将公司毛利率按照产品维度进行细分（如表 10-3 所示），公司两大产品农牧及农副产品加工机械和航空航天飞行器零部件的毛利率自 2017 年起均呈现出较为剧烈的波动。其中农牧及农副产品加工机械 2017—2019 年毛利率持续下跌，到 2020 年时有了一定的反弹；航空航天飞行器零部件毛利率 2017—2020 年持续下跌，2020 年和 2021 年毛利率维持在 14% 左右。

表 10-3　公司分产品毛利率

产品	2021 年	2020 年	2019 年	2018 年	2017 年
农牧及农副产品加工机械	22.17%	26.14%	19.53%	29.35%	37.61%
航空航天飞行器零部件	14.69%	14.49%	31.12%	35.63%	45.62%
机械加工收入	3.38%	15.92%	11.54%	-16.68%	2.91%
特种材料	17.03%	—	—	52.40%	100.00%

根据本书介绍的与毛利率相关的分析方法，对毛利率波动从产品平均价格和平均成本两个维度进行深入分析。但是非常遗憾的是，ST 新研未分产品披露销售量、生产量等数据，导致无法开展深入分析。

仅从 2019 年和 2020 年生产成本结构数据（如表 10-4 所示）分析，无法形成有效的分析结论，仅能发现公司生产成本中各项目的比例差异存在波动，但是具体波动原因无法通过财务报表分析获得。

表 10-4　航空航天飞行器零部件 2019 年和 2020 年生产成本结构

金额单位：元

产品分类	项目	2020 年		2019 年	
		金额	占比	金额	占比
航空航天飞行器零部件	材料	283 268 431.34	50.21%	300 763 402.74	52.41%
	人工	56 027 446.66	9.93%	40 587 900.00	7.07%
	折旧	125 035 354.25	22.16%	93 521 400.00	16.29%
	外协	66 707 250.92	11.82%	118 518 115.06	20.65%
	其他	33 193 061.13	5.88%	20 545 500.00	3.58%
合计	—	564 231 544.30	100%	573 936 317.80	100%

其次，对 2018 年和 2019 年管理费用明细进行分析发现，管理费用率较高主要是管理费用中薪酬、业务招待费等费用大幅度增加所致，如表 10-5 所示。分析者无法对管理费用明细进行深入分析，但是从各明细支出趋势中可以找出两个疑点。

① 2019 年公司经营业绩较 2018 年出现了下滑，照常理公司理应严格控制相关费用预算，开源节流，但是从 2019 年管理费用明细中发现薪酬、业务招待费等反而发生了大幅度增长。

②根据公司业务规模，部分费用金额较高，例如业务招待费、车辆费用等。这可能是公司管理层对费用控制不严，内部管理出现了问题。

表 10-5　2018 年和 2019 年管理费用明细

单位：元

项目	2019 年	2018 年
薪酬	72 975 580.95	51 934 661.25
折旧	11 534 235.82	11 716 026.70
无形资产摊销	12 596 017.56	12 816 295.16

项目	2019 年	2018 年
差旅费	4 077 139.53	5 305 022.65
中介服务费	6 554 337.00	5 773 289.85
经营租赁租金	3 152 050.69	4 912 375.51
业务招待费	6 029 909.43	4 097 700.02
维修费	4 217 067.55	5 163 201.88
材料费	44 653.82	743 033.05
办公费	1 892 997.58	2 564 022.32
水电费	1 365 694.70	2 171 102.61
车辆费用	2 984 639.68	2 784 741.83
采暖费	315 183.22	920 275.09
长期待摊费用摊销	1 003 333.74	1 230 227.78
会议费	70 127.58	230 550.44
诉讼费	139 943.79	481 607.25
咨询费	995 406.61	885 987.94
物业管理费	2 185 686.68	1 289 409.30
邮电通信费	936 879.90	986 429.60
财产保险费	988 406.21	597 749.61
其他	5 938 369.47	8 409 376.22
合计	139 997 661.51	125 013 086.06

4. 资产质量分析

一般完成了公司营业收入分析和盈利结构分析之后，需结合公司的经营情况决定是否进一步对资产质量进行分析。ST 新研从利润表角度反馈出来的问题较多，从 2018 年开始似乎就处于经营困境之中，所以需要重点关注资产质量。2018—2021 年应收票据及应收账款余额下降较多，如表 10-6 所示，进一步追溯发现，自 2018 年开始公司应收票据及应收账款余额的下降并不是因为应收账款收回，而是因为计提了巨额的坏账准备。

表 10-6　资产负债表重要项目列示

单位：元

项目	2021 年	2020 年	2019 年	2018 年
应收票据	119 919 176.33	142 705 798.30		65 957 528.00
应收账款	292 098 694.58	345 841 311.84	1 758 607 044.84	2 112 533 622.90
应收款项融资	9 524 029.45	8 777 654.88	143 732 441.73	—
预付款项	95 825 130.71	31 136 226.12	133 792 689.87	218 760 728.98
存货	434 648 354.57	343 832 442.20	602 821 555.44	539 104 210.37
应付票据及应付账款	490 007 396.49	569 787 495.72	735 921 081.36	575 355 437.25
预收款项	66 371.68	67 654.43	19 381 229.64	15 536 699.50

2019 年公司 1 年以内应收账款约为 14 亿元，1～2 年的应收账款约为 6.5 亿元，如表 10-7 所示。2020 年公司 2～3 年应收账款约为 9.9 亿元，由此可见公司以前年度确认销售收入形成的应收账款到 2020 年仍未收回。这就说明公司在 2017 年或者 2018 年销售回款情况较差，但能否仅通过销售回款情况就断定公司存在财务报表粉饰行为呢？

表 10-7　应收账款账龄分布

单位：元

账龄	2019 年	2020 年
1 年以内	1 395 512 084.42	530 558 174.58
1～2 年	652 376 620.59	561 472 605.03
2～3 年	188 623 138.87	994 472 194.39

账龄	2019 年	2020 年
3～4年	88 565 841.54	321 894 537.86
4～5年	22 383 761.57	95 257 641.79
5年以上	16 227 316.99	70 997 647.21
合计	2 363 688 763.98	2 574 652 800.86

虽然种种分析结论显示公司财务报表造假可能性较大，但是由于缺乏实质性的证据，所以仍然无法断定公司存在财务报表粉饰行为。

综上所述，财务报表分析无法100%识别财务报表粉饰，但是财务报表分析不影响投资者对公司经营情况的判断。投资者不想买入存在财务报表粉饰行为的公司的股票，而财务报表粉饰势必会造成公司财务报表失真，通过财务报表分析，投资者可以有效识别公司的经营异常，最终可能基于分析结论而放弃购入该公司的股票。

如ST新研财务报表分析结论为公司销售收入持续下跌，毛利率持续下跌，大量销售无法回款，这些现象均表明公司的经营情况产生了较大问题，理性投资者会规避此类公司，从而有效规避存在财务报表粉饰行为的公司。

10.2 看透常见的财务报表粉饰方法

虽然财务报表分析无法直接确定公司是否进行了财务报表粉饰，但是通过一定程度的财务报表分析，分析者可以识别公司是否存在进行财务报表粉饰的可能。本节将主要介绍一般上市公司财务报表粉饰的方法，以帮助分析者判断财务报表的可靠性。

财务报表粉饰是指公司或个人故意篡改财务报表或记录，以误导外部利益相关者（如投资者、债权人、监管机构）对公司财务状况、经营业绩和现金流的真实理解。进行财务报表粉饰通常是为了满足市场预期、提高股价、获得贷款或满足上市要求等。

一般上市公司财务报表粉饰的核心是操控利润表中净利润，基于对净利润的操控而不得不在资产负债表的某个项目上虚增或者减少金额。一般财务报表粉饰的动机在于夸大收入、隐藏成本从而操纵利润。由于复式记账法的存在，夸大的收入、隐藏的成本需要通过一个对应的科目进行记录，这个科目就是识别财务报表粉饰的关键。

10.2.1　财务报表粉饰方法一：虚增应收账款

虚增应收账款是典型的财务报表粉饰方法，公司通过利用关联公司或者实际控制的第三方公司虚构收入。公司可能通过签订虚假销售合同，虚构相关产品的出库单、客户验收单等单据确认收入。虚构收入的难度不大，正常的销售虽然短时间内可能挂账应收账款，但是客户始终是会付款的。然而，由于整笔交易均是虚构的，那么这个所谓的客户就无法支付货款。这将导致公司应收账款余额快速增长，并且随着时间的推移，此部分应收账款将逐步变成长账龄应收账款，最后逐步通过应收账款坏账准备从资产负债表过渡回利润表。

表 10-8 展示了收入造假对公司经营利润的影响，可以发现当年财务报表数据造假所创造的利润可能在未来 5 年甚至更长的时间通过计提坏账准备的方式被摊销完成。假设公司正常营业收入为每年 100万元，成本 80 万元，利润 20 万元。公司在第一年收入造假 50 万元，

对应成本 80 万元。由于 50 万元属于造假收入，所以第二年公司应收账款余额为 50 万元，假设每年计提 20% 的坏账准备，影响后续每年利润 10 万元。

表 10-8　财务报表粉饰数据示例

时间	财务报表粉饰前	财务报表粉饰后
第一年	收入 100 万元减去成本 80 万元，共计利润 20 万元	收入 150 万元减去成本 80 万元，共计利润 70 万元
第二年	收入 100 万元减去成本 80 万元，共计利润 20 万元	收入 100 万元减去成本 80 万元，减去坏账准备 10 万元，共计利润 10 万元
第三年	收入 100 万元减去成本 80 万元，共计利润 20 万元	收入 100 万元减去成本 80 万元，减去坏账准备 10 万元，共计利润 10 万元
第四年	收入 100 万元减去成本 80 万元，共计利润 20 万元	收入 100 万元减去成本 80 万元，减去坏账准备 10 万元，共计利润 10 万元

10.2.2　财务报表粉饰方法二：虚增银行存款

如本书第 7 章提到的，现有银行账户余额函证程序相对而言比较规范，银行存款余额造假的可能性较小，但也存在例外。例如康美医药财务报表粉饰案例，该公司就是通过伪造、变造大额定期存单的方式虚构了销售回款。根据我国税法的相关规定，假设一笔 1 亿元的收入造假，毛利率为 30%，则公司为此次财务报表粉饰需支付的税费将达到 1 100 万元，整体税负成本约占 11%。康美医药如此大规模的造假势必会造成公司现金流紧张，所以其需要从外部融资以支持公司的造假行为。

10.2.3 财务报表粉饰方法三：体外循环

虚假的应收账款和虚假的银行存款都比较让人产生怀疑，因此有的公司选择提供真实回款达到应收账款回款的目的，但是回款后若需要持续进行财务报表粉饰，则该笔款项必须转出以维持资金的体外循环。大部分公司会选择回款后再以供应商采购的名义将资金继续输出至体外，供应商将资金支付给虚假客户再次完成销售回款。例如2022年上市公司金正大被证监会开出一张罚单，该公司从2015年到2018年上半年，通过与其供应商、客户和其他外部单位虚构合同，空转资金，开展无实物流转的虚构贸易业务，累计虚增收入230.73亿元，虚增成本210.84亿元。

10.2.4 财务报表粉饰方法四：支出资本化的体外循环

既然公司进行了财务报表粉饰，花费了巨额成本创造了虚假利润，其不可能通过一般的费用支出冲减虚假利润，那么公司仅能选择当年支出但不影响当年利润表损益的方式转出资金。财务报表上符合此类特征的项目比较多，包括预付款项/存货、固定资产/在建工程、研发支出/无形资产。

1. 预付款项/存货

公司虚构采购交易支付资金给实际控制公司，记入预付款项。预付款项长期挂账会导致公司疑点增多。为了掩盖财务报表粉饰事实，公司会进一步伪造到货单、验收单和入库单等，将虚假的存货入库，在财务报表上冲销预付账款，记入存货。一些公司存货余额较高且存货性质特殊，在进行年终审计盘点时可能不容易发现存货金额造假。公司未来可通过计提存货跌价准备的方式从财务报表上逐步核销虚构的存货。

2. 固定资产 / 在建工程

对固定资产造假的情况比较少，因为固定资产在年末需要执行盘点程序。固定资产不同于存货，一般体积较大并且易盘点，如果账实不符很容易就会被发现。在建工程相较于固定资产更容易成为财务报表粉饰的对象。首先，在建工程是正在建设的工程项目，支出归集之后可以解释为隐蔽工程或者隐蔽项目，无法通过直观的观察发现支出虚增。其次，在建工程在建设期间的所有支出均直接记入资产类项目并且不计提折旧，按照会计准则的规定，只有当在建工程完工并达到预定可使用状态时方可转为固定资产并计提折旧。**财务报表粉饰其实就是一个时间游戏，当年虚增的收入或者少列支的支出影响的利润在未来的年度总是要还的。虚增应收账款可能在未来五年完成核销，但是虚增在建工程可能在未来二十年左右才完成核销，对后续每年的利润的影响非常有限。**

3. 研发支出 / 无形资产

本书第 5 章中曾经介绍，对于研发支出，公司有两种处理方式，分别是资本化处理方式和费用化处理方式。出于谨慎性原则考虑，一般上市公司对研发支出采用费用化处理方式，直接计入利润表影响当期利润。但是当公司存在财务报表粉饰动机时，资本化的操作方式就成了财务报表粉饰的温床。用资本化处理方式进行财务报表粉饰的会计处理原理与在建工程相同，首先将当年的支出在无形资产中进行归集。后续待该研发项目完成后，将该研发项目下的所有支出正式转入无形资产，并且根据公司的会计政策在未来十年或者二十年进行摊销，将当年多计的利润完成核销。

10.2.5　财务报表粉饰方法五：调整会计政策和会计估计

有些上市公司虽然没有通过虚构交易的方式进行财务报表粉饰，但是其会通过对会计政策或者会计估计进行调整以达到调整报表的目的。一般适合进行调整的会计政策和会计估计包括固定资产的折旧方式和折旧年限、应收账款的坏账准备计提政策和存货的跌价准备计提政策。例如公司采购一台价值 9 000 元的计算机，现有规定该计算机使用寿命为 3 年并且预计净残值为 0，采用年限平均法计提折旧的情况下每年计提的折旧为 3 000 元。若某日公司发现现在计算机普遍的使用寿命为 5 年，管理层决定将会计系统内该计算机的使用寿命调整为 5 年。在同样条件下，这台计算机每年计提的折旧变成了 1 800 元，直接增加 1 200 元利润。

案例 10-1　**蓝山科技财务报表粉饰**

蓝山科技的主营业务包括光纤通信领域的传输接入设备的研发、生产和销售，以及提供通信智能工程的一体化解决方案。公司的产品和服务在光纤到户、三网融合和大客户接入领域有广泛应用，其客户涵盖电信、市政、能源、教育等多个行业。

公司 2014 年挂牌新三板，2016 年同时符合入选新三板创新层的标准一和标准三，进入创新层。从 2014 年上市到 2016 年入选创新层，蓝山科技净利润逐年递增，2016 年其净利润高达 1.05 亿元，但在进入创新层后净利润逐年递减。例如，2018 年净利润仅 4 502.51 万元，不及 2016 年的一半。

为了冲击新三板精选层以实现真正的上市目标，蓝山科技于 2020 年 4 月 29 日报送相关材料。但是不同于创新层，精选层对公司的审核更加严格，从而使蓝山科技多年来的财务报表粉饰行为浮出水面。

蓝山科技几乎用尽了本章介绍的财务报表粉饰手段。财务报表粉饰不仅需要花费大量的时间、精力构建虚构的交易并匹配相应的原始单据，还需要投入巨额的资金成本以支持财务报表粉饰行为。公司理应将更多的时间、精力聚焦于公司的发展和内部管理上，而不是通过一个又一个谎言去实现上市梦。最终，蓝山科技除了需承担巨额损失之外，还必须接受证监会对公司提出责令改正并处以合计 400 万元罚款的罚单。

根据证监会对该公司《行政处罚决定书》所列举的违法事实，可以发现该公司精心编制的财务报表粉饰路径如图 10-1 所示。

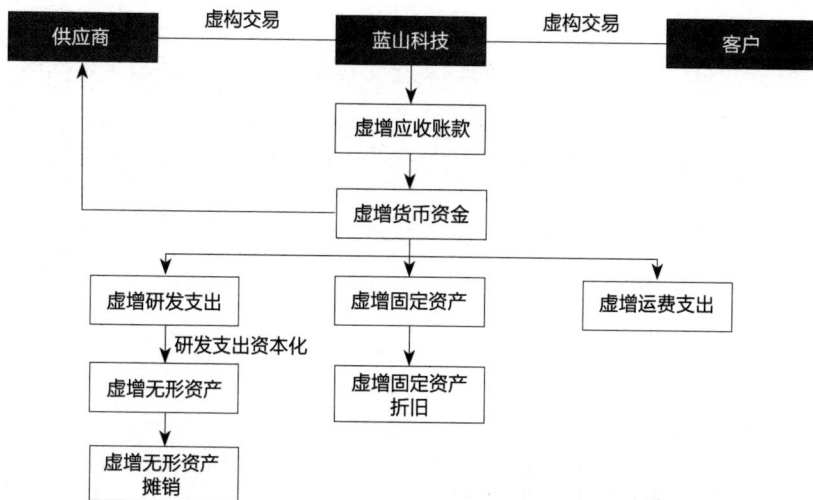

图 10-1　蓝山科技财务报表粉饰路径

　　蓝山科技财务报表粉饰起源于上市动机，为了持续满足上市条件，公司通过虚构大量虚假交易提升公司营业收入和经营利润。但是虚假交易形成的应收账款不可能完成真实的资金循环。此时公司的应对之法就是通过伪造银行流水、伪造虚假支出将账上虚增的货币资金进行转移。公司通过虚增研发支出并采用资本化处理方式将其转移至无形资产、虚增固定资产、虚增运费支出等转移虚增的货币资金等。

第 **11** 章

财务报表分析实例：海天味业与千禾味业

11.1 海天味业财务报表分析

海天味业是中国调味品行业的优秀企业，专业的调味品生产和营销企业，历史悠久，是中华人民共和国商务部公布的首批"中华老字号"企业之一。海天味业目前生产的产品涵盖酱油、蚝油、酱、醋、料酒、调味汁、鸡精、鸡粉、腐乳、火锅底料等十几大系列百余种品种，年产值过两百亿元。海天味业于2014年2月上市，股票代码603288。本书在讲解部分章节知识点时已经引用了部分海天味业财务报表分析示例。与知识点示例不同的是，本章所涉及的海天味业财务报表分析案例主要从零开始进行财务报表分析的步骤讲解并更新了2023年的财务数据。

11.1.1 海天味业财务指标初判断

表11-1列示了海天味业2019—2023年的部分财务指标。分析者应对表11-1中的指标进行初判断以形成对公司的初步了解并确定后续分析重点。

表 11-1　海天味业的部分财务指标（2019—2023 年）

项目	财务指标	2019 年	2020 年	2021 年	2022 年	2023 年
盈利能力分析	净资产收益率（归母/摊薄）	32.28%	31.91%	28.51%	23.48%	19.72%

项目	财务指标	2019 年	2020 年	2021 年	2022 年	2023 年
盈利能力分析	毛利率	45.44%	42.17%	38.66%	35.68%	34.74%
	营业净利率	27.06%	28.12%	26.68%	24.22%	22.97%
	销售费用率	10.93%	5.99%	5.43%	5.38%	5.32%
	管理费用率	1.46%	1.59%	1.58%	1.72%	2.14%
	财务费用率	−1.48%	−1.72%	−2.34%	−2.86%	−2.38%
	研发费用率	2.97%	3.12%	3.09%	2.93%	2.91%
	扣非归母净利润率	94.97%	96.48%	96.39%	96.26%	95.88%
成长能力分析	营业收入增长率	16.22%	15.13%	9.71%	2.42%	−4.10%
偿债能力分析	流动比率	2.54	2.67	2.91	4.01	3.44
	速动比率	2.31	2.43	2.68	3.66	3.15
	资产负债率	32.95%	31.72%	29.51%	21.07%	24.44%
营运能力分析	存货周转率	7.19	6.75	7.09	7.13	6.40
	应收账款周转率（含应收票据）	8 067.41	1 037.03	512.70	209.54	119.35
	应付账款周转率（含应付票据）	10.57	9.72	8.79	9.76	10.14
现金流量分析	现金收入比率	118.50%	117.28%	113.89%	104.48%	120.29%

1. 营业收入增长率

2019 年和 2020 年公司营业收入增长率尚能维持在 15% 左右，但是自 2020 年开始，营业收入增长率逐年下滑并且在 2023 年实现了负增长。从指标维度初步判断公司近几年成长能力下降，已无法维持 2019 年和 2020 年的高增速水平。分析者可能会产生以下几个问题并希望通过后续的详细分析找到答案。

问题一：公司自2020年营业收入增长率持续下跌的原因是什么？究竟是行业整体出现问题导致的还是公司运营出现问题导致的？

问题二：公司是否针对业绩下滑提出了一系列的解决措施？下跌的趋势是否会持续？

2. 毛利率

毛利率的变动趋势与营业收入增长率变动趋势较为一致，2019年和2020年公司仍能维持超过40%的毛利率，但是毛利率自2020年开始持续下跌，2023年毛利率仅为34.74%，较2020年下跌约10个百分点，下跌幅度较大。结合营业收入增长率变化趋势初步判断，2020—2023年公司产品平均价格可能存在大幅度下跌从而导致营业收入增长率和毛利率双双下跌。后续详细分析时需要从成本端和销售价格端综合判断公司毛利率下跌的驱动因素。

3. 销售费用率、管理费用率、财务费用率和研发费用率

四项费用率除了2019年之外，2020—2023年的波动比较平稳，说明公司对费用的控制较为严格。2023年销售费用率为5.32%、管理费用率为2.14%、财务费用率为-2.38%、研发费用率为2.91%，均处于正常范围内。后续详细分析时对四项费用率适当关注即可。

4. 扣非归母净利润率

扣非归母净利润率近几年波动较小且保持在95%左右，说明公司非经常性损益项目对净利润的影响较小。后续分析时无须过多关注非经常性损益项目。

5. 流动比率、速运比率、资产负债率

资产负债率 2023 年为在 30% 以内说明公司负债较少，未大量使用经营杠杆实现业绩增长。流动比率和速运比率在 2023 年均超过 3，进一步说明公司偿债能力较强。

6. 存货周转率、应收账款周转率、应付账款周转率

从指标绝对值角度分析，公司整体营运能力较强。存货、应收账款（含应收票据，下同）周转速度较快，公司现金流较好。但是从时间维度进行分析，公司应收账款周转率自 2019 年的 8 067.41 次 / 年下降至 2023 年的 119.35 次 / 年。应收账款周转率为 8 067.41 次 / 年说明公司在销售过程中形成的应收账款余额非常低，绝大部分交易均适用于款到发货的结算模式。但是 2023 年应收账款周转率为 119.35 次 / 年，虽然周转速度相较于其他行业的公司仍然较快，但是相比于过去变慢了，说明公司的销售政策发生了较大的转变，原因可能是给部分客户提供了信用期限。结合营业收入增长率下降和毛利率下降的情况，说明公司为实现业绩可能承受了较大压力，不得不通过改变信用政策的方式提升营业收入。

根据财务指标初判断结果，分析者可以得出以下初步结论：

①公司经营情况自 2021 年开始恶化，营业收入增长率下跌甚至出现负增长，毛利率大幅度下跌，公司不得不以赊销的方式促进营业收入增长；

②公司四项费用控制较为严格且比率均在正常区间内，非经常性损益项目发生较少；

③公司整体现金流情况较好，资产负债率较低，流动性风险较低。

11.1.2 分产品营业收入详细分析

公司 2023 年共实现销售收入约 228 亿元，如表 11-2 所示。从产品结构占比分析，公司核心产品为酱油，占比 55.39%；其余三项产品调味酱、蚝油和其他分别占比 20% 以内。公司呈现了一项核心产品、三项辅助产品的品类格局。虽然酱油占比较大，但是调味酱、蚝油和其他三大类产品销售金额较大，因此在分析时需要对四大产品进行逐一分析。

表 11-2　海天味业 2023 年分产品销售额

金额单位：元

产品	销售额	占比	变动率
酱油	12 637 386 048.00	55.39%	-8.83%
调味酱	2 427 006 741.07	10.64%	-6.08%
蚝油	4 251 221 491.13	18.63%	-3.74%
其他	3 499 473 118.03	15.34%	19.35%
合计	22 815 087 398.23	100%	-4.10%

2023 年公司整体销售收入变动率为 -4.10%，其中酱油、调味酱和蚝油销售收入均呈现不同程度的下跌，但其他品类销售收入却逆势增长约 20%。酱油、调味酱和蚝油的同步波动说明三类产品相关程度较高，均受到某一因素的影响造成收入下跌。其他品类与前三类产品关联性较低，未受到公司整体业绩下滑影响。后续分析时需将前三类产品与其他品类产品分别进行分析。

由于公司年度报告中信息披露质量较高，能够准确获得分产品的销售量，所以从量价角度对收入波动情况进行拆分并深入分析。

根据公司披露信息将每年销售额除以销售数量得出平均销售价格（见表 11-3），并对单个产品从量价波动角度组合分析影响收入波动的核心驱动因素。

表 11-3　海天味业分产品量价拆分

项目	2020 年	2021 年		2022 年		2023 年	
	数值	数值	变动率	数值	变动率	数值	变动率
酱油销售额（元）	1 304 339.60	1 418 810.53	8.78%	1 386 118.23	-2.30%	1 263 738.60	-8.83%
酱油销售量（万吨）	245.33	266.03	8.44%	250.27	-5.92%	229.82	-8.17%
酱油平均销售价格（元/吨）	5 316.67	5 333.27	0.31%	5 538.49	3.85%	5 498.82	-0.72%
调味酱销售额（元）	252 415.20	266 584.73	5.61%	258 400.87	-3.07%	242 700.67	-6.08%
调味酱销售量（万吨）	29.43	30.96	5.20%	28.47	-8.04%	28.35	-0.42%
调味酱平均销售价格（元/吨）	8 576.80	8 610.62	0.39%	9 076.25	5.41%	8 560.87	-5.68%
蚝油销售额（元）	411 293.42	453 151.31	10.18%	441 653.46	-2.54%	425 122.15	-3.74%
蚝油销售量（万吨）	86.25	96.14	11.47%	87.79	-8.69%	86.11	-1.91%
蚝油平均销售价格（元/吨）	4 768.62	4 713.45	-1.16%	5 030.79	6.73%	4 936.97	-1.87%

1. 酱油量价分析

分析酱油，除了 2022 年平均销售价格上升 3.85% 之外，其余年度均未有较大变化，说明公司仅在 2022 年进行了产品价格调整。销售额的下跌主要是销售量的下跌导致的，2022 年销售量下跌 5.93%，2023 年销售量下跌 8.17%，跌幅较大。

根据量价分析方法，公司销售量下跌主要有两个驱动因素：第一是市场对酱油的需求快速减少，导致行业内公司均呈现销售量下跌的结果；第二是市场需求没有发生大幅度变化的情况下，公司市场份额被竞争对手蚕食造成销售量下跌。根据市场调研报告，预计酱油行业整体规模未来仍将维持 10% 的扩大速度，市场需求仍然非常旺盛，所以海天味业酱油销售量下跌的原因可能是其市场份额被竞争对手蚕食。

市场份额被竞争对手蚕食的原因主要有以下两个：第一是公司运营出现问题导致无法满足消费者需求造成销售量下降；第二是竞争对手的核心竞争力较强而抢夺了公司的市场份额。根据行业研究了解，不同公司的酱油核心竞争力的打造非常困难，某一公司很难通过建立核心竞争力的方式在酱油行业获得竞争优势。以此推断海天味业酱油销售量下滑主要是由于自身有问题，进一步分析发现是因为 2022 年 10 月酱油被爆出"添加剂"事件。

"添加剂"事件发生后立即对公司酱油销售量产生了较大影响，随着 2022 年 10 月爆发后持续影响 2023 年销量。公司未来酱油销售量的波动取决于"添加剂"事件的影响程度。若消费者短期内遗忘该事件，那公司酱油销售量仍然具备上涨的可能性。但是若"添加剂"事件对消费者产生了长期影响，则在未来 3～5 年公司酱油销售量上涨难度较高。

2. 调味酱量价分析

调味酱从量价变化趋势分析与酱油差异较大。2022 年和 2023 年调味酱平均销售价格波动差异较大，2022 年平均销售价格上升 5.39%，而 2023 年平均销售价格下跌 5.69%，呈现先涨价后降价的现象。对应的调味酱销售量在 2022 年下滑 8.04%，2023 年下跌 0.42%。仅从指标波动结果分析，2022 年公司上调的调味酱平均销售价格造成了销售量下滑，造成销售额下滑。2023 年公司又降低了调味酱平均销售价格，仅挽回了销售量下滑的颓势，并未带来销售量的增长，甚至造成调味酱销售额整体下滑 6.08%，比 2022 年下跌更多。

3. 耗油量价分析

蚝油量价变化趋势与调味酱类似。2020 年和 2021 年耗油销售额增长较快，主要是销售量上涨驱动销售额提升，平均销售价格波动较小。2022 年，公司对耗油进行了调价，平均销售价格增长 6.73%，但是销售量下跌 8.69%，最终耗油整体销售额下跌 2.54%。2022 年销售量下跌的原因较难分析，可能存在以下两个原因：一是消费者对价格敏感程度较高，产品涨价导致销售量下跌；二是受到"添加剂"事件影响导致产品销售量下滑。由于缺少分季度产品销售量明细数据，所以无法进一步分析销售量下跌的具体原因。"添加剂"事件发生于 2022 年 10 月，若 2022 年前三季度销售量下滑不明显而第四季度出现大幅度下滑，则说明公司产品受到该事件的影响较大。

分地区销售收入增长率趋势变化的影响因素较多，无法与其他分析结果相验证，因此放弃该部分分析。此外，前五大客户占比集中度较低，2023 年仅 2.39%。前五大客户销售收入变动情况无法与其他分析结果相验证，因此也放弃该部分分析。

11.1.3 生产成本详细分析

生产成本分析主要包括生产成本结构性分析和单位生产成本分析。表 11-4 显示了海天味业酱油 2019—2023 年的生产成本结构。2020 年由于会计准则变动，销售过程中的运费由计入销售费用转为计入主营业务成本。

表 11-4　海天味业酱油 2019—2023 年的生产成本结构

项目	2019 年	2020 年	2021 年	2022 年	2023 年
直接材料	88.51%	82.78%	84.39%	84.06%	83.00%
制造费用	9.41%	8.67%	8.31%	8.75%	9.83%
直接人工	2.08%	2.04%	1.88%	2.12%	2.29%
运费	—	6.51%	5.42%	5.07%	4.88%

1. 生产成本结构性分析

根据生产成本结构进行判断，海天味业生产成本中直接材料占比较大，2023 年达到了 83.00%，2019 年直接材料占比达到了 88.51%。制造费用和直接人工中制造费用占比较大，为 10% 左右，这说明酱油在生产过程中自动化程度较高。由此可以初步推断酱油的生产技术含量较低但自动化程度较高，生产成本受直接材料价格波动影响较大并且难以形成规模优势。

各项成本项目占比较为稳定说明公司近几年的产品成本结构、生产模式、生产技术未发生大幅度变化，以往生产数据具备分析参考性。

调味酱和蚝油的生产成本分析方式与酱油类似，由于篇幅限制不再赘述。

2. 单位生产成本分析

从单位生产成本角度进行分析，各成本项目单位成本的变动趋势不尽相同。单位直接材料从 2019 年的每吨 2 278.54 元上涨至 2022 年的 2 818.31 元，涨幅高达 23.69%，2023 年单位直接材料成本有所回落，下跌至每吨 2 524.60 元，如表 11-5 所示。由于海天味业在年度报告中并未披露酱油原材料的组成明细，所以仅能从招股说明书中了解相关信息。根据公司 2022 年的招股说明书，公司共使用大豆 17.64 万吨，销售酱油 102.64 万吨，大豆用量占比约为 17.19%。由于公司调味酱的原材料同样包括大豆，为了计算简单，将所有大豆视同用于生产酱油，实际大豆用量占比小于 17.19%。

表 11-5　海天味业酱油单位生产成本

单位：元 / 吨

项目	2019 年	2020 年	2021 年	2022 年	2023 年
单位直接材料	2 278.54	2 388.23	2 581.97	2 818.31	2 524.60
单位制造费用	242.19	250.25	254.41	293.32	298.99
单位直接人工	53.47	58.72	57.41	71.19	69.52

根据各年度报告披露，近年来酱油生产工艺并未发生较大变化，各项原材料的生产用量占比并未发生较大变化。因此单位直接材料的变化受大豆价格波动的影响较大。

由于大豆属于全球大宗商品，在芝加哥期货交易所可以直接查询大豆价格的波动趋势。感兴趣的分析者可以自行通过网络搜索大豆价格变动 K 线图，通过分析可以发现，大豆价格自 2020 年 6 月开始持续上涨，至 2022 年 6 月，涨幅高达 113.9%。大豆价格波动与酱油生产成本波动趋势相符，2024 年大豆价格持续下跌，预计海天味业 2024 年酱油单位生产成本将进一步下跌。

11.1.4　毛利率详细分析

完成了销售收入和生产成本详细分析之后，影响毛利率的原因也逐渐清晰。公司整体毛利率在 2019—2023 年下跌超过 10 个百分点，如表 11-6 所示。根据第 6 章相关内容，大型公司毛利率变化一方面是产品销售额占比发生变化导致的，另一方面可能是单个产品毛利率变化导致的。

表 11-6　海天味业毛利率

指标名称	2019 年	2020 年	2021 年	2022 年	2023 年
毛利率	47.23%	43.52%	39.78%	37.11%	36.15%

2020—2023 年，公司产品销售额占比并未发生较大变化，酱油销售额占比平均约 66%，调味酱销售额占比平均约 12%，蚝油销售额占比平均约 21%，如表 11-7 所示。产品结构没有发生变化，推出毛利率变动不是因为产品结构变化带来的，所以公司毛利率的大幅度下跌仅有可能是公司产品毛利率下跌导致的。

表 11-7　海天味业主要产品销售额占比

产品	2020 年	2021 年	2022 年	2023 年
酱油	66.28%	66.34%	66.44%	65.43%
调味酱	12.82%	12.47%	12.39%	12.56%
蚝油	20.90%	21.19%	21.17%	22.01%
合计	100.00%	100.00%	100.00%	100.00%

　　2023 年三大产品毛利率相较于 2019 年下跌较多，其中调味酱毛利率下跌最多，2023 年相较于 2019 年下跌约 12 个百分点，酱油和蚝油毛利率均下跌约 8 个百分点，如表 11-8 所示。酱油的产品分类中可能包括高毛利产品、低毛利产品等，但由于公司披露口径颗粒度限制，通过公开数据已经无法进一步分析了解同一产品下各细分产品结构差异导致的毛利率波动。若需要进一步对毛利率进行分析，仅能将公司披露的产品视作一个产品，忽略产品中各细分产品的影响。根据毛利率计算公式，影响毛利率波动的因素仅有产品价格和产品成本，可以对产品价格和产品成本的波动原因进行分析以探究毛利率波动原因。由于在销售收入详细分析和生产成本详细分析部分已经以酱油作为示例，本小节将以调味酱作为示例完成进一步分析。

表 11-8　海天味业分产品毛利率

产品	2019 年	2020 年	2021 年	2022 年	2023 年
酱油	50.38%	47.38%	42.91%	40.29%	42.63%
调味酱	47.56%	44.20%	39.52%	37.28%	35.49%
蚝油	37.96%	35.36%	34.61%	33.65%	29.00%

　　调味酱单位价格除了 2022 年为 9 000 元 / 吨，剩余年度约为 8 500 元 / 吨，如表 11-9 所示。单位成本自 2020 年开始持续上涨，

2022 年上涨至最高点，约 5 700 元 / 吨，2023 年有所回落但仍处于较高水平。从价格和成本波动趋势分析，公司自 2019 年开始持续受到生产成本上涨的压力，但为了维持市场占有率，公司承担了该部分上涨成本从而导致产品毛利率下跌。2022 年公司扛不住毛利率持续下跌的压力相应调整了产品价格，但是随着 2023 年产品成本的下跌，公司又相应调整了产品价格。根据以往年度调味酱毛利率管理策略分析，调味酱平均价格将维持在 8 500 元左右，未来年度随着生产成本的下降，毛利率将会持续上升。

表 11-9　海天味业调味酱单位价格和单位成本

单位：元 / 吨

项目	2019 年	2020 年	2021 年	2022 年	2023 年
单位价格	8 558.92	8 577.44	8 611.93	9 075.87	8 559.48
单位成本	4 443.99	4 812.71	5 366.18	5 724.59	5 334.41

11.1.5　销售费用详细分析

公司销售费用主要由五大项目组成（如表 11-10 所示），其中其他项目定义不明，在分析时不予考虑。运费和促销费由于会计准则的变化，在分析时同样不予以考虑。人工成本主要核算公司销售人员的成本，其在 2020—2021 年持续上升，但在 2022 年和 2023 年呈下降趋势。销售人员工资部分以提成发放，2022 年和 2023 年公司销售收入下滑较多，对应人工成本下降，符合市场规律。广告费自 2019 年以来整体呈下跌趋势，2023 年仅投入约 3.9 亿元。海天味业广告费支出主要以综艺赞助为主，通过综艺赞助建立品牌形象，提升销量。广告费的下降说明以综艺赞助形式为主的品牌推广方式对海天味业整体销售额的提升效果减弱。2022 年"添加剂"事件发生后，海天味业也并未通过加大广告费推广预算重新建立消费者信心，由此可见其并没有较好的品牌宣传策略和方式。虽然海天味业仍然占据品牌优势，但是随着竞争对手的持续性投入，海天味业的品牌优势可能逐渐减小。

表 11-10   海天味业销售费用明细

单位：万元

销售费用项目	2019 年	2020 年	2021 年	2022 年	2023 年
人工成本	45 155.96	63 490.16	69 038.79	64 256.08	63 455.44
运费	61 326.16	50 564.92	—	—	—
广告费	50 615.88	46 534.23	48 583.45	45 312.84	39 743.18
促销费	48 757.79	39 434.14	—	—	—
其他	17 746.17	16 258.47	18 931.07	26 123.03	34 606.77
合计	223 601.96	216 281.92	136 553.31	135 691.95	137 805.39

11.1.6   其他分析结论

海天味业主要通过经销商实现对外销售，经销商向海天味业提货时通常需要遵循款到发货的销售政策。因此海天味业整体资金情况较好，现金流充沛，在后续分析时无须对资产负债表和现金流量表进行深入分析。

11.2 千禾味业财务报表分析

千禾味业是专业从事高品质酱油、食醋、料酒、蚝油等调味品的研发、生产和销售的公司。千禾味业是国家高新技术企业，全国农产品加工业示范企业，国家级绿色工厂，国家知识产权优势企业，中国调味品协会副会长单位，四川省优秀民营企业，四川省技术创新示范企业，四川省诚信示范企业，拥有四川省级企业技术中心、四川省博士后创新实践基地。

海天味业与千禾味业产品高度相似，许多分析者经常对比两家公司相关的财务指标以判断公司是否能成为较好的投资标的。本节将主要对千禾味业的财务报表进行分析以识别影响公司经营结果的核心驱动因素。

11.2.1 千禾味业财务指标初判断

表 11-11 列示了千禾味业 2019—2023 年的部分财务指标。分析者应对表 11-11 中的指标进行初判断以形成对公司的初步了解并确定后续分析重点。

表 11-11 千禾味业的部分财务指标（2019—2023 年）

项目	财务指标	2019 年	2020 年	2021 年	2022 年	2023 年
盈利能力分析	净资产收益率（归母/摊薄）	12.45%	10.84%	10.67%	14.62%	14.52%
	毛利率	46.21%	43.85%	40.38%	36.56%	37.15%
	营业净利率	14.63%	12.15%	11.50%	14.12%	16.54%
	销售费用率	22.78%	16.94%	20.15%	13.58%	12.22%
	管理费用率	3.98%	3.63%	3.38%	2.99%	3.87%

项目	财务指标	2019 年	2020 年	2021 年	2022 年	2023 年
盈利能力分析	财务费用率	-0.55%	-0.19%	-0.14%	-0.34%	-0.85%
	研发费用率	2.91%	2.67%	2.88%	2.65%	2.70%
	扣非归母净利润率	92.36%	97.79%	98.41%	98.37%	99.93%
成长能力分析	营业收入增长率	27.19%	24.95%	13.70%	26.55%	31.62%
偿债能力分析	流动比率	3.47	4.45	4.13	2.32	4.50
	速动比率	2.31	2.79	2.01	1.56	3.17
	资产负债率	22.53%	13.16%	13.50%	25.81%	14.42%
营运能力分析	存货周转率	2.48	2.66	2.34	2.62	3.00
	应收账款周转率（含应收票据）	10.85	11.72	14.28	14.06	18.97
	应付账款周转率（含应付票据）	7.90	12.28	14.60	11.10	10.46
现金流量分析	现金收入比率	108.08%	112.19%	111.58%	117.55%	110.05%

1. 营业收入增长率

2019—2023 年公司保持了较高的营业收入增长率，除 2021 年营业收入增长率下滑至 13.70% 之外，剩余年份的营业收入增长率为近 25% 或 25% 以上。通过初判断，后续详细分析时应该关注以下问题。

问题一：公司 2021 年营业收入增长率下滑的原因是什么？后续该原因是否会再次影响公司营业收入增长率？

问题二：公司营业收入增长率较高的核心驱动因素是什么？该因素能否支持公司未来营业收入增长率的持续增长？

2. 毛利率

公司毛利率大致呈现逐年下跌的趋势，2019—2022 年毛利率下跌约 10 个百分点。虽然 2023 年公司扭转了毛利率持续下跌的趋势，较 2022 年上涨约 0.6 个百分点，但是相比于 2019 年毛利率仍然较低。后续详细分析时应重点关注 2019—2022 年毛利率下跌的原因并且进一步判断未来毛利率的变动趋势。

3. 销售费用率、管理费用率、财务费用率和研发费用率

除了销售费用率变动较大之外，其余三项费用率较为平稳。以 2023 年财务指标为例，管理费用率 3.87% 处于正常指标范围内；财务费用率 −0.85% 说明公司资金情况较好，未发生大额利息支出，相反每年能获得利息收入；研发费用率 2.70% 说明公司所处行业虽然技术含量不高，但是每年仍有新产品开发以保持公司产品竞争力。销售费用率从 2019 年的 22.78% 下降至 2023 年的 12.22%，首先，根据销售费用率绝对值进行判断，公司处于 B2C 行业，最终客户为个人消费者。其次，后续详细分析时需重点关注 2019—2023 年销售费用率大幅度下跌的原因以支持公司对净利润率的预测。

4. 扣非归母净利润率

扣非归母净利润率近几年波动较小，说明公司非经常性损益项目对净利润的影响较小。后续分析无须过多关注非经常性损益项目。

5. 偿流动比率、速动比率、资产负债率

公司资产负债率较低，2023 年资产负债率为 14.42%，表明公司

负债较少、现金较多，公司偿债能力较强，发生流动性风险的可能性较小，后续详细分析时可以不过多关注。

6. 营运能力指标存货周转率、应收账款周转率、应付账款周转率

2019—2023年公司三大营运能力指标变动不大且都处于正常区间范围内。对于一般B2C公司，公司应收账款周转率（含应收票据，下同）指标理应非常高，但千禾味业的应收账款周转率相较于其他B2C公司较低，后续详细分析时需重点关注应收账款周转率指标。

根据财务指标初判断结果，分析者可以得出以下初步结论：

①公司近五年成长能力较强，除了2021年之外营业收入增长率较高；

②公司毛利率虽然在2023年停止了进一步下跌，但是相较于2019年仍然较低；

③公司四项费用率均处于正常范围内，但是需要重点关注销售费用率大幅度下跌的原因；

④公司整体现金流情况较好，资产负债率较低，流动性风险较低；

⑤公司应收账款周转率相较于同类公司较低。

11.2.2　分产品营业收入详细分析

1. 收入结构分析

公司2023年实现销售额约31.65亿元。从产品销售额占比分析公司核心产品为酱油，占比64.45%，另一占比较大的产品为食醋，销售额占比 13.35%，如表 11-12 所示。由于受信息披露质量限制，公司在年度报告中并未披露其余产品的销售额变动情况。

表 11-12　千禾味业 2023 年分产品销售额

金额单位：元

产品	销售额	占比	变动率
酱油	2 040 464 688.03	64.45%	34.85%
食醋	422 494 873.45	13.35%	11.75%
其他	702 969 988.07	22.20%	39.04%
合计	3 165 929 549.55	—	32.09%

从变动率角度分析，酱油仍然是公司的主力产品，其市场竞争力较强并保持着较高的变动率。食醋相较于酱油变动率较低，故酱油的成长性决定公司未来的成长能力。本小节也主要以酱油为示例开展后续分析。

2. 收入量价分析

根据公司披露的信息，用每年的销售额除以销售量得出平均销售价格（见表 11-13），并对单个产品从量价波动角度组合分析影响收入波动的核心驱动因素。

表 11-13　千禾味业分产品量价拆分表

项目	2020 年	2021 年		2022 年		2023 年	
	数值	数值	变动率	数值	变动率	数值	变动率
酱油销售额（万元）	105 396.98	118 206.44	12.15%	151 314.41	28.01%	204 046.47	34.85%
酱油销售量（吨）	202 456.02	263 559.00	30.18%	336 024.00	27.49%	456 762.00	35.93%

项目	2020 年	2021 年		2022 年		2023 年	
	数值	数值	变动率	数值	变动率	数值	变动率
酱油平均销售价格（元/吨）	5 205.92	4 485.01	-13.85%	4 503.08	0.40%	4 467.24	-0.80%

从销售量角度分析，公司 2020—2023 年销售量均处于高速增长状态。公司销售收入增长率主要受销售量快速增长驱动。根据量价分析方法，公司销售量上涨主要有两个驱动因素：第一是市场对酱油的需求快速增长，使行业内公司均呈现销售量增长的结果；第二是在市场需求没有发生大幅度变化的情况下，公司蚕食了竞争对手的市场份额从而使公司销售量增长。在对海天味业进行分析过程中了解到酱油行业市场规模增长率在 10% 左右，千禾味业每年约 30% 的销售量增长率明显高于市场规模增长率，说明公司在市场规模扩大的过程中蚕食了竞争对手的市场份额以达成销售量快速增长的目标。

从平均销售价格角度分析，公司分别在 2020 年和 2021 年对产品价格进行了调整，平均销售价格分别下跌 5.35% 和 13.85%，尤其 2021 年平均销售价格下跌较多，导致酱油销售额增长率仅为 12.15%。2022 年和 2023 年平均销售价格比较稳定。由于信息披露质量的限制，外部分析者无法进一步了解平均销售价格。平均销售价格下降的原因包括公司主动调整销售价格、酱油产品结构发生变动而低价系列产品占比提升等，外部分析者可能需要通过公开市场信息、实地调研、投资者问答等方式了解平均销售价格下降的原因。

同时，分析者需要关注 2020 年和 2021 年量价变化组合所蕴含的信息。根据量价变动模式，价格下降理应带来销售量的快速增长。虽然 2021 年平均销售价格下跌 13.85% 后销售量上涨 30.18%，但是如果以 2022 年和 2023 年的量价变动情况作为对照，2021 年大幅度降价后并未发生销售量显著增长的情况。公司通过大幅度降价仅获得了平均的销售量增长，除了客户对价格不敏感的因素之外，公司销售量增长的内在驱动因素可能也逐渐面临瓶颈。2022 年和 2023 年，由于海天味业的负面事件，千禾味业作为直接竞争对手获得了其丢失的市场份额。倘若海天味业没有发生负面事件，千禾味业能在 2022 年和 2023 年达成约 30% 的销量额增长率吗？

11.2.3　生产成本详细分析

1.生产成本结构性分析

表 11-14 显示了千禾味业酱油 2019—2023 年的生产成本结构。根据生产成本结构进行判断，千禾味业直接材料占比较大，制造费用和直接人工中制造费用占比较大。这说明公司生产过程中自动化程度较高，与之相对应的直接材料占比较大说明公司生产过程中技术含量不高。分析者还需要重点关注运费占生产成本的比例，自 2020 年起，销售过程中发生的运费支出计入主营业务成本。公司酱油运费占生产成本的比例超过 10% 属于较高水平，一方面可能是公司线上渠道销售占比较大导致运费较高，另一方面可能是公司生产基地分布不合理，导致运费较高。上述两个原因可以在后续其他模块的分析中予以验证。

表 11-14 千禾味业酱油 2019—2023 年生产成本结构

项目	2019 年	2020 年	2021 年	2022 年	2023 年
直接材料	77.07%	70.77%	72.91%	74.99%	74.46%
直接人工	5.96%	4.69%	4.42%	3.44%	3.56%
制造费用	16.97%	13.93%	10.95%	8.99%	11.84%
运费	0.00%	10.61%	11.72%	12.58%	10.14%

2. 单位生产成本分析

2019—2023 年酱油单位生产成本变化较大，需要逐一进行分析，如表 11-15 所示。首先，单位直接材料从 2019 年每吨 2 019.64 元下降到 2021 年 1 754.98 元。单位直接材料下降主要有两大原因：主要原材料价格下跌和主要原材料使用数量减少。千禾味业酱油单位直接材料降低可能是生产工艺或者产品配方发生较大变化导致的。结合 2021 年平均销售价格下跌 13.85% 的情况，分析者有理由推断千禾味业酱油在 2021 年发生了较大变化，其在生产成本降低的同时调低了产品价格以增强产品竞争力。制造费用在生产成本核算过程中属于固定成本，随着生产量的提升，单位制造费用会逐年下降。酱油的单位制造费用 2020—2022 年逐年下降，说明随着生产量的提升，产能利用率提高从而使单位制造费用降低。2023 年单位制造费用升高说明公司可能新投产一生产线，后续随着新生产线产能爬坡，单位制造费用会持续降低，分析者可以通过资产负债表固定资产余额变化验证这一分析结论。单位直接人工虽然存在一定波动，但是由于占比较低，无须进一步分析。

表 11-15　千禾味业酱油单位生产成本

单位：元 / 吨

项目	2019 年	2020 年	2021 年	2022 年	2023 年
单位直接材料	2 019.64	1 897.51	1 754.98	2 067.16	2 075.90
单位直接人工	156.10	125.79	106.50	94.93	99.27
单位制造费用	444.95	373.53	263.59	247.82	330.12

11.2.4　毛利率详细分析

同海天味业分析思路一致，完成了生产成本结构性分析和单位生产成本分析之后，可以进行毛利率分析。公司毛利率 2019—2023 年整体呈现下跌的趋势，如表 11-16 所示。

表 11-16　千禾味业毛利率

指标名称	2019 年	2020 年	2021 年	2022 年	2023 年
毛利率	46.21%	43.85%	40.38%	36.56%	37.15%

自 2019 年以来，公司两大主要产品酱油和食醋的销售额占公司整体销售额的比例较为稳定（如表 11-17 所示），整体毛利率的波动主要是个别产品毛利率波动导致的。

表 11-17　千禾味业主要产品销售额占比

产品	2019 年	2020 年	2021 年	2022 年	2023 年
酱油	62.14%	63.14%	62.29%	63.13%	64.45%
食醋	16.37%	17.51%	16.94%	15.77%	13.35%

千禾味业两大主要产品酱油和食醋的毛利率波动情况不一致，如表 11-18 所示。食醋仅 2019 年毛利率较高，2020—2023 年毛利率

波动幅度较小，加之食醋销售额占比较小，因此食醋的毛利率波动对公司整体毛利率影响较小。酱油销售额占比较大，2019—2023年酱油毛利率整体呈下跌趋势，2021年酱油价格和成本同步下跌造成毛利率下跌，2022年和2023年酱油生产成本快速上涨导致毛利率下跌。至于千禾味业2022年/2023年对比2021年的酱油毛利率下跌、生产成本上涨的原因，分析者可以参考海天味业的分析思路得出分析结论。

表 11-18　千禾味业主要产品毛利率

产品	2019 年	2020 年	2021 年	2022 年	2023 年
酱油	50.32%	48.34%	43.93%	37.15%	37.59%
食醋	47.07%	41.85%	37.86%	37.02%	39.07%

11.2.5　销售费用详细分析

千禾味业销售费用相对比较简单，以2023年数据为例，职工薪酬和促销及广告宣传费占销售费用的比例合计约90%，如表11-19所示。分析者重点对上述两大费用进行分析即可。

表 11-19　千禾味业销售费用明细

单位：元

销售费用项目	2020 年	2021 年	2022 年	2023 年
职工薪酬	156 409 362.85	131 277 805.66	157 103 922.40	192 616 304.64
促销及广告宣传费	102 435 367.89	228 645 077.54	145 155 431.70	153 641 624.27
差旅费	15 577 271.50	20 060 271.47	20 065 467.54	30 216 346.52

销售费用项目	2020 年	2021 年	2022 年	2023 年
其他	12 428 460.62	7 965 720.21	8 626 938.96	15 385 098.13
合计	286 850 462.86	387 948 874.88	330 951 760.60	391 859 373.56

（1）职工薪酬

公司职工薪酬 2023 年相较于 2022 年上涨较多，职工薪酬的上涨可能是受平均职工薪酬的上涨和销售人员数量的影响。查阅年度报告发现，2022 年年末公司销售人员数量为 1 383 人，2023 年年末销售人员数量为 1 383 人。2023 年销售人员数量并没有增加，职工薪酬涨幅超过 20% 主要是平均职工薪酬上涨所致。从中可以进一步推断公司职工的薪酬与销售收入具备较强的相关性，未来随着公司销售收入的快速增长，预计职工薪酬也将快速增长。

（2）促销及广告宣传费

不同于海天味业已经形成了品牌效应，虽然千禾味业销售规模远小于海天味业，但是从促销及广告宣传费投入角度对比，千禾味业每年投入大量的资源进行品牌建设和促销推广。千禾味业在 2021 年投入大量促销及广告宣传费，2022 年和 2023 年缩减了该费用的投入规模。随着该费用投入规模的缩减，公司销售收入却每年保持较高的增长速度，这说明公司销售收入增长的驱动因素与促销及广告宣传费的投入不存在直接的正向关系。预计未来公司可能将促销及广告宣传费的规模控制在 1.5 亿～2 亿元。

11.2.6 其他分析结论

公司其他部分分析的重要性程度较低或者与海天味业分析方法类似，

由于篇幅限制不赘述，感兴趣的读者可以自行完成其他部分的深入分析。

11.3 海天味业和千禾味业对比分析

相较于指标分析法或者趋势分析法，对比分析法能够更加直观地判断公司的经营结果。但是如前文提到的，目前公开市场上能够符合对比分析法运用条件的上市公司较少。海天味业和千禾味业两家公司的核心产品均是酱油且在消费市场上是直接竞争对手，不可避免地被大部分分析者作为对比分析的对象。本节将重点讨论两家公司的经营特点并判断两家公司的可比性。

两家公司的三大差异如下。

（1）差异一：产品结构不同

虽然两家公司核心产品均是酱油，但是除了酱油之外，其他产品类别和占比差异较大，如表 11-20 所示。因此两家公司整体的各项指标均不存在可比性，例如海天味业 2023 年毛利率（34.74%）比千禾味业 2023 年（37.15%）毛利率低，分析者不能依据此项差异得出海天味业盈利能力弱于千禾味业的结论。

表 11-20　海天味业和千禾味业 2023 年主要产品结构对比

金额单位：元

海天味业产品	销售额	占比	千禾味业产品	销售额	占比
酱油	12 637 386 048.00	55.39%	酱油	2 040 464 688.03	64.45%
调味酱	2 427 006 741.07	10.64%	食醋	422 494 873.45	13.35%

海天味业产品	销售额	占比	千禾味业产品	销售额	占比
蚝油	4 251 221 491.13	18.63%	其他	702 969 988.07	22.20%
其他	3 499 473 118.03	15.34%	合计	3 165 929 549.55	—
合计	22 815 087 398.23	100%			

（2）差异二：销售渠道占比不同

表11-21为海天味业和千禾味业2023年线上销售额对比，其中千禾味业线上销售额占比约20%，海天味业2023年线上销售额占比为3.90%，这表明海天味业绝大部分销售仍然通过线下渠道实现。

表11-21 海天味业和千禾味业线上销售额对比

金额单位：万元

公司	2023年线上销售额	线上销售额占比
海天味业	88 915.30	3.90%
千禾味业	63 120.12	19.68%

销售渠道占比不同导致两家公司在生产成本和运营效率方面存在差异。在对千禾味业进行成本分析时，2023年其生产成本中的运费占比较大，约占10%，主要原因是线上销售占比较大。另外，线上销售完成后需确认收入，从第三方支付平台收取款项存在时间差，会形成应收账款，与款到发货相比，应收账款周转速度偏慢。销售渠道占比不同导致两家公司在盈利能力和运营效率方面不可比。

（3）差异三：生产工艺不同

产品结构和销售渠道占比差异均属于公司层面的差异，由于两家公司核心产品均是酱油，若与酱油相关的信息披露充分，则可以将酱油作为可比对象进行分析。

虽然两家公司均生产酱油，但是海天味业和千禾味业无论是平均销售价格还是生产成本结构均存在较大差异，如表 11-22 所示。海天味业平均销售价格较千禾味业高约 1 000 元，相对应的单位直接材料高约 500 元。通过进一步分析发现，海天味业和千禾味业的生产配方和生产工艺均不同，两家公司的酱油不具备可比性。

表 11-22　2023 年海天味业和千禾味业销售价格和生产成本对比

单位：元／吨

项目	海天味业	千禾味业
平均销售价格	5 498.82	4 467.24
单位直接材料	2 524.60	2 075.90
单位制造费用	298.99	99.27
单位直接人工	69.52	330.12

虽然两家公司差异较大，无法将相关财务报表分析结论直接进行对比，但是由于两家公司处于同一行业，部分分析结论可以相互印证以得出更深入的结论。

对两家公司进行单独分析时由于分地区销售收入中蕴含的变量较多，两者无法成为有效的分析对象。但是将两家公司分地区销售收入进行对比分析可以了解在同一区域市场两家公司的竞争情况。

千禾味业 2023 年西部区域销售额占比超过 30%，如表 11-23 所示。千禾味业是总部位于四川省眉山市的公司，因此在总部所在地的区域销售额占比最大。

表 11-23　2023 年千禾味业分地区销售额

金额单位：元

区域	销售额	占比
东部区域	712 451 428.17	22.50%
南部区域	207 888 192.82	6.57%
中部区域	448 779 152.92	14.18%
北部区域	567 426 451.99	17.92%
西部区域	993 243 773.74	31.37%
合计	3 165 929 549.55	100.00%

将千禾味业西部区域的销售额与海天味业西部区域的销售额进行对比分析发现，2019—2022 年千禾味业在西部区域的销售额约占海天味业在西部区域的销售额的 33%，如表 11-24 所示，说明两家公司在西部市场的竞争格局相对比较稳定。另外，由于海天味业销售规模较大，虽然千禾味业的销售规模能与海天味业一样保持扩大，但是在销售额增长量方面两家公司差距较大。例如海天味业 2021 年较 2020 年销售额上涨约 3 亿元，千禾味业约 7 000 万元。

表 11-24　千禾味业和海天味业西部区域销售额

金额单位：万元

项目	2019 年	2020 年	2021 年	2022 年	2023 年
千禾味业销售额	70 681.78	87 767.02	94 161.74	99 324.38	122 938.43
海天味业销售额	213 002.97	269 213.12	294 370.51	300 658.32	298 626.93
占比	33.18%	32.60%	31.99%	33.04%	41.17%

双方相对稳定的销售额占比在 2023 年发生了较大变化，海天味业销售额下跌，千禾味业销售额上涨，千禾味业西部区域销售额占海天味

业西部区域销售额的比例由约 33% 提升至约 41%。结合上述两家公司财务报表分析结论，海天味业丢失的市场份额正在被千禾味业蚕食。

根据市场调研报告，酱油市场整体仍处于增长阶段且整个市场内的竞争格局相对稳定，每家公司销售收入的增长速度约等于行业规模扩大速度。但是随着海天味业爆发"添加剂"事件，多维度财务数据分析结论均表明该事件对公司品牌形象影响较大，从而直接导致销售额下滑。

过去对酱油行业的分析结论已经不再适用，自"添加剂"事件发生之后，行业竞争格局发生了变化，分析者需要站在当下重新审视行业竞争格局并预测公司未来的发展趋势。

虽然行业竞争格局的变化有利于千禾味业的快速发展，但是制约公司发展的因素仍然不少。从公司产能规划和生产基地布局等方面进行分析，公司目前产能不足以支撑未来的高速发展，如何进一步布局生产基地和提升产能成为公司管理层关注的重点。此外，海天味业"添加剂"事件也为公司敲响了警钟。

第 12 章

财务报表分析实例：
通过财务报表分析
获得 100% 的收益

濮阳惠成电子材料股份有限公司（以下简称"濮阳惠成"）位于国家濮阳经济技术开发区，成立于 2002 年，是集科研、生产、经营为一体的股份制国家高新技术上市公司，专业研发和生产酸酐及酸酐衍生物，产品广泛应用在电子元器件封装材料、电气设备绝缘材料、涂料、复合材料等诸多领域。

濮阳惠成财务报表分析案例将分为两个部分，第一部分将把时间回溯至 2022 年前，通过财务报表分析了解公司并形成分析结论；第二部分将根据 2023 年的财务数据验证第一部分的分析结论并提出未来的预测建议。

濮阳惠成股价在 2022 年 7 月和 8 月完成了一波快速上涨，自 21.98 元上升至最高点 41.91 元（见图 12-1），投资收益率超过 100%，因此本案例分析将分为 2022 年前和 2022 年后两大部分开展。

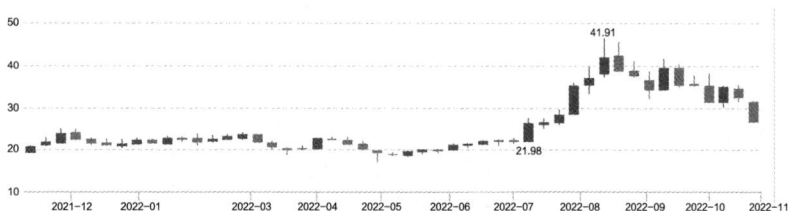

图 12-1 濮阳惠成历史股价走势

12.1 濮阳惠成财务报表分析一

12.1.1 财务指标初判断

对公司进行详细财务报表分析前应完成财务指标初判断，构建对被分析公司的第一印象。濮阳惠成部分财务指标（2019—2021 年）如表 12-1 所示。

表 12-1 濮阳惠成部分财务指标（2019—2021 年）

项目	财务指标	2019 年	2020 年	2021 年
盈利能力分析	净资产收益率（归母 / 摊薄）	16.77%	17.97%	12.67%
	毛利率	37.71%	35.21%	29.39%
	营业净利率	21.27%	19.57%	18.12%
	销售费用率	4.19%	0.72%	0.47%
	管理费用率	3.31%	3.09%	2.57%
	财务费用率	-1.33%	0.95%	0.17%
	研发费用率	7.37%	7.64%	5.71%
	扣非归母净利润率	94.28%	94.71%	93.10%
成长能力分析	营业收入增长率	6.98%	34.21%	52.61%
偿债能力分析	流动比率	7.27	12.32	15.58
	速动比率	6.60	10.32	14.17
	资产负债率	11.05%	7.17%	5.70%
营运能力分析	存货周转率	7.08	7.50	8.28
	应收账款周转率（含应收票据）	5.80	7.32	7.48
	应付账款周转率（含应付票据）	29.54	33.56	38.66
现金流量分析	现金收入比率	80.53%	70.88%	71.11%

1. 营业收入增长率

2019—2021 年公司营业收入增长率提升，2021 年营业收入增长率高达 52.61%，属于高速增长阶段。若仅靠公司内生因素提升营业收入不可能产生如此剧烈的波动，公司业绩极有可能受下游市场波动的影响，在后续深入分析时应进一步关注。

思考：公司下游市场需求量快速增长是受短期内需求巨增还是受长期需求释放的影响？这将直接影响分析者对公司未来基本面的判断。

2. 毛利率

公司毛利率呈现逐年下跌的趋势，2019—2021 年累计下跌接近 10 个百分点，下跌幅度较大。公司生产成本不可能发生如此剧烈的波动，结合收入增长率的提升，有可能是公司产品销售价格发生了大幅度下跌。在后续深入分析时应进一步关注。

思考一：通过营业收入增长率提升初步判断公司下游市场需求发生了较大变化，但是结合毛利率下跌原因，需要进一步判断公司是否通过降低产品价格实现以价换量从而实现营业收入增长率的提升。

思考二：分析公司毛利率下跌，营业收入增长率的提升将如何影响公司利润总额。

3. 销售费用率、管理费用率、财务费用率和研发费用率

2021 年销售费用率仅为 0.47%，说明公司是典型的 B2B 公司且近几年波动趋势较为稳定，详细分析时可以不过多关注。2021 年管理费用率为 2.57%，处于指标正常范围内且相对较低，说明公司管理层对费用控制较为严格，详细分析时可以不过多关注。财务费用率近三

年由负数转为正数，变化为 1.5 个百分点，波动较大，深入分析时需进一步验证公司是否受汇率波动影响或者公司负债影响。研发费用率较高，2019 年和 2020 年超过 7%，虽然 2021 年下降至 5.71%，但仍处于较高水平，后续深入分析时需要重点关注研发费用率较高的原因。

4. 扣非归母净利润率

扣非归母净利润率近几年波动较小且保持在 90% 以上，说明公司非经常性损益项目对净利润的影响较小。后续分析时无须过多关注非经常性损益项目。

5. 流动比率、速动比率、资产负债率

公司资产负债率低，基本不存在对外借款。流动比率、速动比率较高，说明公司偿债能力较强。 后续分析时无须对资产负债情况等进行深入分析。

6. 存货周转率、应收账款周转率、应付账款周转率

公司偿债能力各项指标表现较好，后续分析无须关注营运能力指标。

7. 现金收入比率

2019—2021 年现金收入比率整体呈现下降趋势，说明公司销售过程中现金回款比例降低，约有 30% 销售收入通过票据进行结算。结合公司营运能力指标，现金收入比率较低不影响公司日常经营。

根据财务指标初判断结果，分析者可以得出以下初步结论：

①公司资产负债和现金流量相关基本面指标情况较好，深入分析

时无须重点关注，仅关注利润表相关事项即可；

②需进一步判断公司营业收入增长率提升和毛利率大幅度下跌的驱动因素，以判断公司未来发展趋势；

③公司研发费用率较高，需重点关注研发模式、研发费用结构等，判断研发费用率较高的原因。

12.1.2　销售收入深入分析

濮阳惠成2021年销售收入中顺酐酸酐衍生物占比超过70%，是公司的核心产品，如表12-2所示。功能材料中间体和其他类别产品占比较小，后续深入分析时可以根据顺酐酸酐衍生物的分析结论进一步判断是否需要对功能材料中间体进行深入分析。

表 12-2　濮阳惠成 2021 年销售收入结构

金额单位：元

分产品	销售收入	占比
顺酐酸酐衍生物	1 012 194 066.56	72.65%
功能材料中间体	200 652 327.08	14.40%
其他	180 413 698.62	12.95%
合计	1 393 260 092.26	100%
分区域	销售收入	占比
境内	972 785 865.74	69.82%
境外	420 474 226.52	30.18%
合计	1 393 260 092.26	100%

分区域分析，公司2021年境外销售收入占比为30.18%，结合财务指标初判断时财务费用的异常波动，确定财务费用波动主要受汇率

影响。境外销售也说明了进行公司外部市场分析时不能以国内市场作为分析对象，应该以全球市场作为分析对象。

公司核心产品顺酐酸酐衍生物近三年销售收入快速增长，其中 2021 年相较于 2020 年销售收入上涨 64.53%，如表 12-3 所示。顺酐酸酐衍生物成了影响公司未来业绩的核心产品。

表 12-3　顺酐酸酐衍生物销售收入变动

金额单位：万元

产品	2021 年		2020 年		2019 年
	金额	变动率	金额	变动率	金额
顺酐酸酐衍生物	101 219.41	64.53%	61 521.15	33.56%	46 062.29

1. 量价拆分分析

从量价拆分维度对顺酐酸酐衍生物销售收入的核心驱动因素进行分析发现，产品价格波动结论与财务指标初判断时不一致。2020 年顺酐酸酐衍生物销售收入增长主要依靠销售量的增长，平均销售价格变化不大，说明产品下游市场需求扩大。2021 年产品销售收入增长率为 64.53%（见表 12-4），其中销售量与平均销售价格均对其有影响。销售量的增长虽然出现了略微下滑，但是下游整体需求量仍然比较旺盛。

表 12-4　顺酐酸酐衍生物销售收入量价拆分

项目	2021 年		2020 年		2019 年
	数值	变动率	数值	变动率	数值
销售收入（万元）	101 219.41	64.53%	61 521.15	33.56%	46 062.29
销售量（万吨）	6.36	30.06%	4.89	32.16%	3.70
平均销售价格（万元／吨）	15 915.00	26.50%	12 581.01	1.06%	12 449.27

在进行财务指标初判断时，认为毛利率大幅度下跌的原因为产品价格大幅度下跌。但从量价驱动的因素分析，毛利率大幅度下跌的原因为生产成本的快速上涨，生产成本快速上涨的原因将在后文进行深入分析。

通过量价拆分分析，分析者可以初步形成以下分析结论：顺酐酸酐衍生物下游客户需求较为旺盛，仍然处于高速增长趋势。2021年由于生产成本的快速上涨，公司将一部分成本上涨压力转嫁至下游客户。

2. 外部市场分析

通过公司财务数据分析仅能获得以上分析结论，但是下游市场需求为何会突然增加仍然是分析者需要进一步分析的，但是其已经超出财务报表分析范围，属于外部市场及行业分析，相关内容不属于本书知识范围，分析者可以根据自身的分析经验，构建分析框架以形成分析结论。本章仅提供部分分析思路。

分析思路一：公开市场信息搜集。

公司核心产品顺酐酸酐衍生物主要用于环氧树脂固化、合成聚酯树脂和合成醇酸树脂等，广泛应用在电子元器件封装材料、电气设备绝缘材料、复合材料、涂料等诸多领域（见图12-2），并且公司董秘在投资者问答平台上也回复了公司产品的下游产品可应用于风电领域。分析者可以结合风电市场的发展趋势判断公司未来的经营情况。

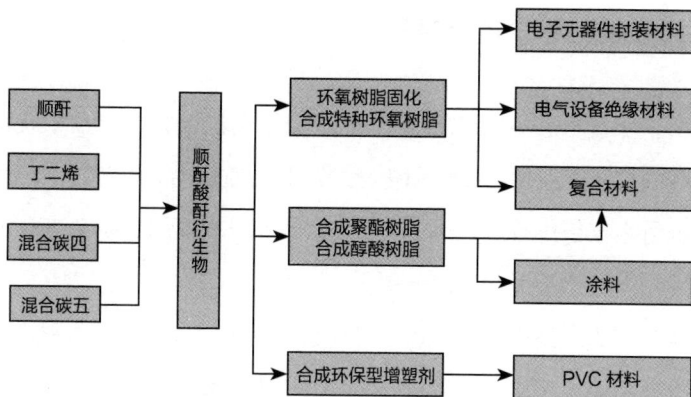

图 12-2　顺酐酸酐衍生物产业链

分析思路二：内部信息验证。

2021 年公司前五大客户销售收入相较于 2020 年大幅提升，如表 12-5 所示，但由于公司信息披露保密，年度报告中并未披露前五大客户名称。分析者无法通过年度报告中的相关内容判断下游行业，仍需要结合外部信息判断相关行业。

表 12-5　公司前五大客户销售收入

单位：元

前五大客户	2021 年	2020 年	2019 年
第一名	69 414 991.10	41 595 489.35	29 398 277.39
第二名	62 586 499.77	25 950 496.30	27 435 075.45
第三名	59 566 776.35	25 725 413.49	23 238 237.99
第四名	53 868 603.53	23 520 039.07	18 462 873.89
第五名	36 915 862.84	21 575 956.00	18 111 818.88

12.1.3 生产成本深入分析

由于年度报告中并未披露顺酐酸酐衍生物相关生产量和成本数据，所以仅以工业化学原料和化学制品制造业作为分析对象。公司顺酐酸酐衍生物销售收入占比较大，可以根据比例或者趋势判断该产品的相关特点，但是无法精确分析。

从生产成本结构分析中可以发现公司生产过程中直接材料占比较大，超过 80%，直接人工和制造费用中制造费用占比较大，如表 12-6 所示。此生产成本结构说明公司属于传统制造业且产品毛利率不高。

表 12-6 公司生产成本结构

金额单位：元

成本项目	2021 年	结构占比
直接材料	838 964 995.48	85.28%
直接人工	29 451 490.51	2.99%
制造费用	115 418 116.13	11.73%
合计	983 834 602.12	100.00%

进一步将公司生产成本除以年度生产量得出单位生产成本，2021 年公司单位生产成本中单位直接材料上涨较多，上涨幅度较大，如表 12-7 所示。单位直接材料的上涨验证了财务指标初判断中对公司经营情况的判断，成本快速上涨，销售价格上涨无法消除成本上涨带来的影响，从而导致毛利率持续下跌。

表 12-7　公司单位生产成本

单位：元 / 吨

项目	2019 年	2020 年	2021 年
单位直接材料	9 208.86	9 100.60	13 111.74
单位直接人工	454.54	429.71	460.28
单位制造费用	2 038.67	2 059.03	1 803.81
合计	11 702.07	11 589.34	15 375.83

随之而来的问题是公司生产过程中的主要原材料是什么。对于此问题，分析者可以通过招股说明书和搜集公开信息的方式了解。经初步了解，公司产品主要原材料为石油相关制品，原材料价格与石油价格波动密切相关。

由于通过销售收入深入分析和生产成本深入分析已经可以判断毛利率下跌的原因，故不再进行毛利率分析。

12.1.4　研发费用深入分析

公司 2019—2021 年研发费用投入持续升高，如表 12-8 所示。从研发费用投入类型进行分析，公司研发投入仍然以材料费投入为主，2021 年材料费投入占研发费用投入的比例为 69.60%，其次人工费占比属于 18.07%。公司属于化工行业，研发模式一般分为实验室阶段、小试阶段和中试阶段，当中试阶段通过时，证明该产品符合各项质量要求，可以转量产。实验室阶段和小试阶段批量较小，通常材料费支出较小。

表 12-8 濮阳惠成 2019—2021 年研发费用

单位：元

项目	2021 年	2020 年	2019 年
材料费	55 398 397.55	48 727 467.56	31 787 619.83
人工费	14 379 944.52	12 053 540.64	10 579 312.94
折旧摊销	4 222 452.22	4 739 788.10	3 722 142.57
动力费	2 914 640.59	2 531 056.72	2 940 135.70
维修费	459 299.20	798 471.19	273 954.00
股权激励费用	1 787 292.00	—	—
办公费	—	21 523.38	7 256.64
其他	433 386.85	851 389.35	850 937.57
合计	79 595 412.93	69 723 236.94	50 161 359.25

公司 2021 年材料费支出较 2019 年新增约 2 400 万元，说明公司可能部分项目处于中试阶段，因为中试不同于小试，需要不断投入相关材料试验以保证最终产品质量。但是中试阶段并不能说明公司的新产品即将量产，产业化过程中可能面临产品参数不符合量产要求或者生产合格率较低等问题。

2021 年材料费大幅度增长说明公司研发项目很有可能处于中试阶段，但是由于研发相关信息披露有限，分析者无法进一步判断研发费用投入产出以及未来可能对公司经营业绩产生的影响。

通过 2019—2021 年的详细财务报表分析并结合下游市场的供需分析，再结合行业分析结论了解到，风电装机投资大幅度提升的背景下，分析者可能认为公司未来经营业绩将维持高速增长。

12.2 濮阳惠成财务报表分析 2

12.2.1 财务指标初判断

2019—2021 年财务指标初判断完成后，第二部分将结合分析 2022 年和 2023 年相关财务指标，以验证在 2022 年年初的时间节点对公司的判断是否准确。

在 2019—2021 年部分财务指标的基础上增加 2022 年和 2023 年的相关指标，如表 12-9 所示，部分指标变化趋势可能与第一部分判断结果不同。

表 12-9 濮阳惠成 2019—2023 年部分财务指标

项目	财务指标	2019 年	2020 年	2021 年	2022 年	2023 年
盈利能力分析	净资产收益率（归母/摊薄）	16.77%	17.97%	12.67%	18.20%	9.61%
	毛利率	37.71%	35.21%	29.39%	36.00%	26.07%
	营业净利率	21.27%	19.57%	18.12%	26.44%	17.04%
	销售费用率	4.19%	0.72%	0.47%	0.55%	0.59%
	管理费用率	3.31%	3.09%	2.57%	2.59%	2.77%
	财务费用率	-1.33%	0.95%	0.17%	-1.71%	-0.78%
	研发费用率	7.37%	7.64%	5.71%	4.64%	5.74%
	扣非归母净利润率	94.28%	94.71%	93.10%	96.17%	87.79%
成长能力分析	营业收入增长率	6.98%	34.21%	52.61%	14.62%	-13.63%
偿债能力分析	流动比率	7.27	12.32	15.58	6.00	9.36
	速动比率	6.60	10.32	14.17	5.34	8.49
	资产负债率	11.05%	7.17%	5.70%	17.28%	13.32%

项目	财务指标	2019 年	2020 年	2021 年	2022 年	2023 年
营运能力分析	存货周转率	7.08	7.50	8.28	5.73	5.14
	应收账款周转率（含应收票据）	5.80	7.32	7.48	6.32	4.93
	应付账款周转率（含应付票据）	29.54	33.56	38.66	15.20	10.73
现金流量分析	现金收入比率	80.53%	70.88%	71.11%	79.03%	102.65%

1. 营业收入增长率

2020—2021 年公司营业收入增长率提高，2021 年营业收入增长率达 52.61%，属于高速增长阶段。但是增长趋势在 2022 年戛然而止，甚至 2023 年出现了营业收入增长率为负的情况。在第一部分的分析中发现，2021 年营业收入增长是依靠产品价格上升实现的，在后续的深入分析中需要进一步从量价角度识别影响营业收入的驱动因素。

2. 毛利率

毛利率指标也不容乐观，毛利率于 2022 年快速上升之后于 2023 年下跌约 10 个百分点，通过第一部分的分析了解到，公司产品原材料价格波动较大导致毛利率波动较大。2023 年毛利率快速下跌，加之营业收入负增长，分析者需要结合生产成本的深入分析以判断毛利率剧烈波动的原因。

3. 销售费用率、管理费用率、财务费用率和研发费用率

四项费用率变动幅度不大，仅需对研发费用率进行深入分析以识别公司所处研发阶段。

4. 扣非归母净利润率

2023 年扣非归母净利润率出现下滑趋势，后续分析时应关注该指标下滑原因。

5. 流动比率、速动比率、资产负债率

2022 年和 2023 年公司偿债能力指标仍然比大部分上市公司优秀，但是相较于 2019—2021 年的整体趋势，公司 2022 年资产负债率、流动比率和速动比率指标较 2012 年出现下滑，后续分析应关注 2022 年指标下滑原因。

6. 存货周转率、应收账款周转率、应付账款周转率

与偿债能力指标变化趋势类似，2022 年和 2023 年相较于 2021 年的整体趋势，三大指标均有下滑，后续分析应关注指标下滑原因。

7. 现金收入比率

2023 年现金收入比率为 102.65%，说明 2023 年公司销售结算模式出现较大变化，后续分析需重点关注销售结算模式发生变化的原因。

结合 2022 年和 2023 年财务指标，分析者可以得出以下初步结论：

收入波动和毛利率波动仍然是公司面临的问题，分析者需要进一步通过量价拆分和单位生产成本分析识别影响公司业绩和盈利能力的因素。

12.2.2　销售收入深入分析

通过对 2022 年和 2023 年顺酐酸酐衍生物销售收入进行量价拆分后发现，2022 年销售收入增长放缓且 2023 年销售收入出现负增长（见表 12-10），影响销售收入波动的主要原因是产品平均销售价格的变动。

表 12-10　顺酐酸酐衍生物 2020—2023 年量价变动情况

项目	2023 年增长率	2022 年增长率	2021 年增长率	2020 年增长率
销售收入	-18.72%	20.89%	64.53%	33.56%
销售量	20.71%	7.07%	30.02%	32.32%
平均销售价格	-32.66%	12.91%	26.54%	0.94%

产品销售量自 2020 年开始始终保持每年正增长，除了 2022 年销售量增长率较低之外，其余年度销售量增长率均较高，说明公司产品下游需求旺盛。

根据 2020—2023 年平均销售价格波动趋势，公司不可能通过调整产品价格的方式实现销售量的增长。结合第一部分分析结论，公司产品的销售价格受原材料价格波动影响较大，在第二部分分析时需要在生产成本分析中进一步验证价格波动原因。

12.2.3　生产成本深入分析

由表 12-11 可知，公司产品单位生产成本中单位直接材料变动较大，2023 年单位直接材料下降约 2 000 元。但是产品价格下跌的核心因素就只有材料成本上涨吗？根据公司披露信息，顺酐酸酐衍生物

2022 年毛利率为 38.15%，2023 年毛利率为 23.30%，下降 14.85 个百分点。根据量价拆分结果和单位生产成本分析，2023 年原材料导致的成本下降比例为 12.90%，但是对应的销售价格却下跌了 33.20%，所以导致毛利率大幅度下跌。

上述指标异常说明公司在产业链中话语权较弱，一方面原材料价格波动能使产品产生价格波动，另一方面产品价格下降幅度比原材料价格下降幅度更大，说明公司产品所处行业竞争较为激烈。

表 12-11　顺酐酸酐衍生物 2019—2023 年单位生产成本

单位：万元

项目	2019 年	2020 年	2021 年	2022 年	2023 年
单位直接材料	9 208.86	9 100.60	13 111.74	12 185.15	10 434.55
单位直接人工	454.54	429.71	460.28	520.28	438.25
单位制造费用	2 038.67	2 059.03	1 803.81	1 706.55	1 675.41
合计	11 702.07	11 589.34	15 375.83	14 411.98	12 548.21

12.2.4　研发费用深入分析

财务指标初判断时公司 2022 年或 2023 年相关指标出现了波动，本小节将重点分析上述指标波动的原因。

扣非归母净利润率：2023 年公司扣非归母净利润率出现下滑说明公司非经常性损益项目金额增加。2023 年公司的政府补助和所得税影响两个项目较 2022 年增加较多，如表 12-12 所示。这两个项目都属于公司日常经营中的常规项目且如果扣非归母净利润率仍处于较高水平，则无须过多关注该项指标。

表 12-12　濮阳惠成 2022 年和 2023 年非经常性损益项目

单位：元

项目	2023 年	2022 年
非流动性资产处置损益（包括已计提资产减值准备的冲销部分）	−387 923.70	−7 801 178.43
计入当期损益的政府补助（与公司正常经营业务密切相关，符合国家政策规定、按照确定的标准享有、对公司损益产生持续影响的政府补助除外）	9 031 582.64	5 478 829.11
除同公司正常经营业务相关的有效套期保值业务外，非金融企业持有金融资产和金融负债产生的公允价值变动损益以及处置金融资产和金融负债产生的损益	26 428 851.03	22 531 194.85
除上述各项之外的其他营业外收入和支出	−85 262.44	−25 804.64
减：所得税影响额	6 270 618.21	3 992 931.36
少数股东权益影响额（税后）	60	1 630.02
合计	28 716 569.32	16 188 479.51

偿债能力指标：2023 年公司资产负债率出现小幅度下滑，通过对 2023 年资产负债表和 2022 年资产负债表各项目对比分析，下滑原因主要是公司其他流动资产项目下定期存单由年初的 8.24 亿元减少至 3.93 亿元。与此同时，由于公司正在扩建产能，在建工程余额由年初的 9 400 万元新增至 2.67 亿元。上述流动资产和非流动资产余额的变化导致公司短期偿债能力指标出现波动。公司其他资产和负债类项目均未有较大变化，虽然相关指标出现了部分波动，但是这些波动属于合理范围内。

营运能力指标：营运能力指标下滑原因与偿债能力指标下滑原因较为类似。